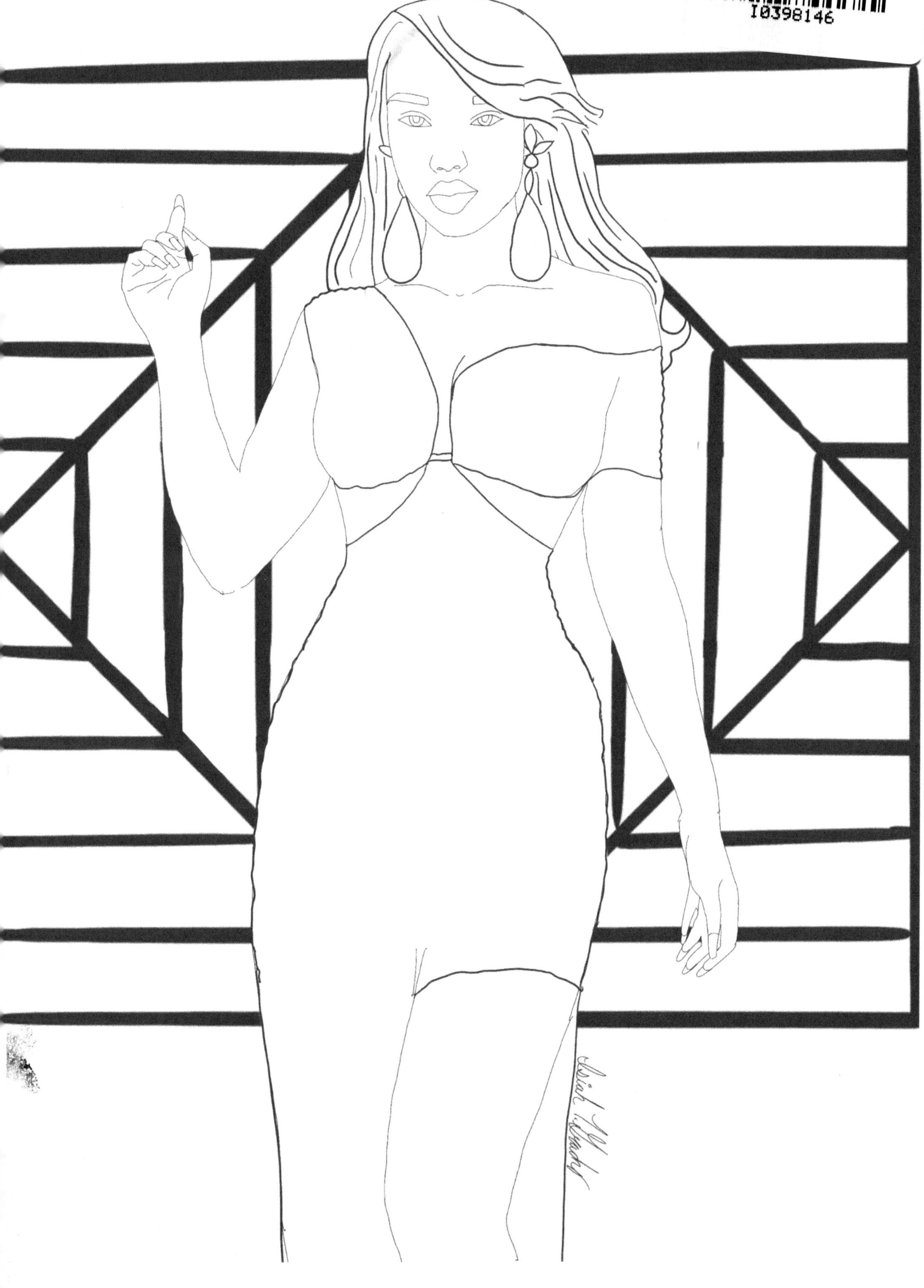

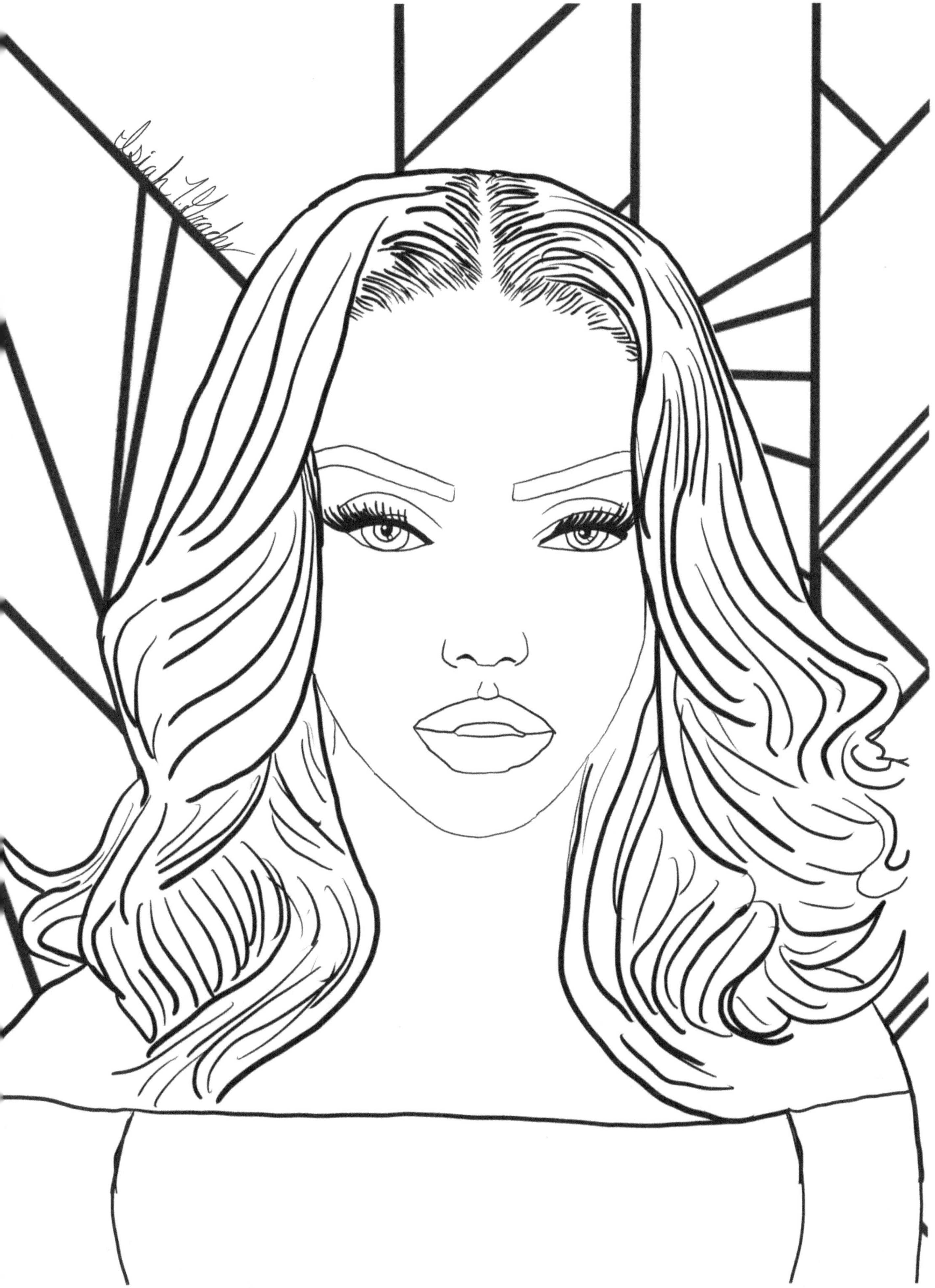

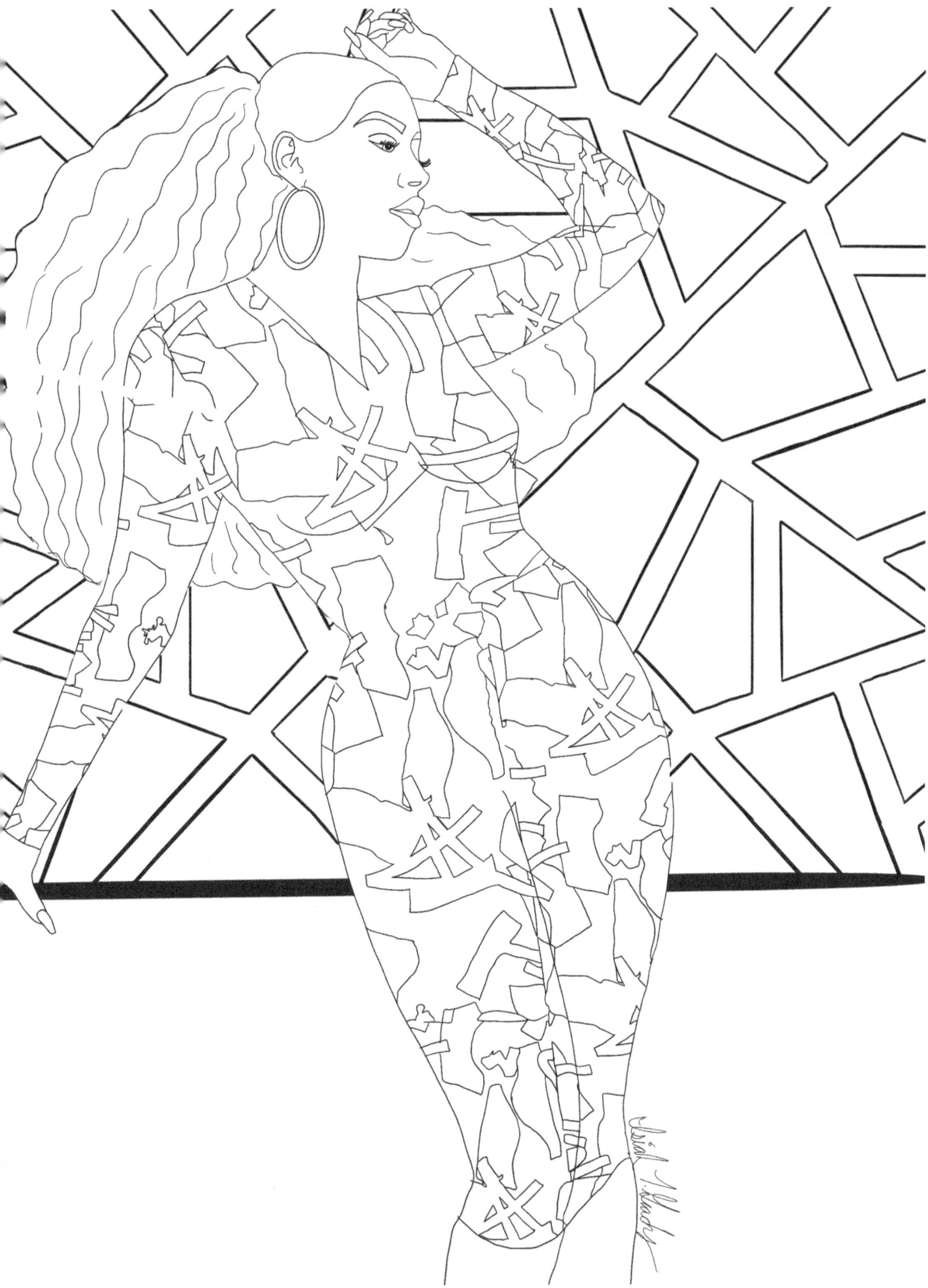

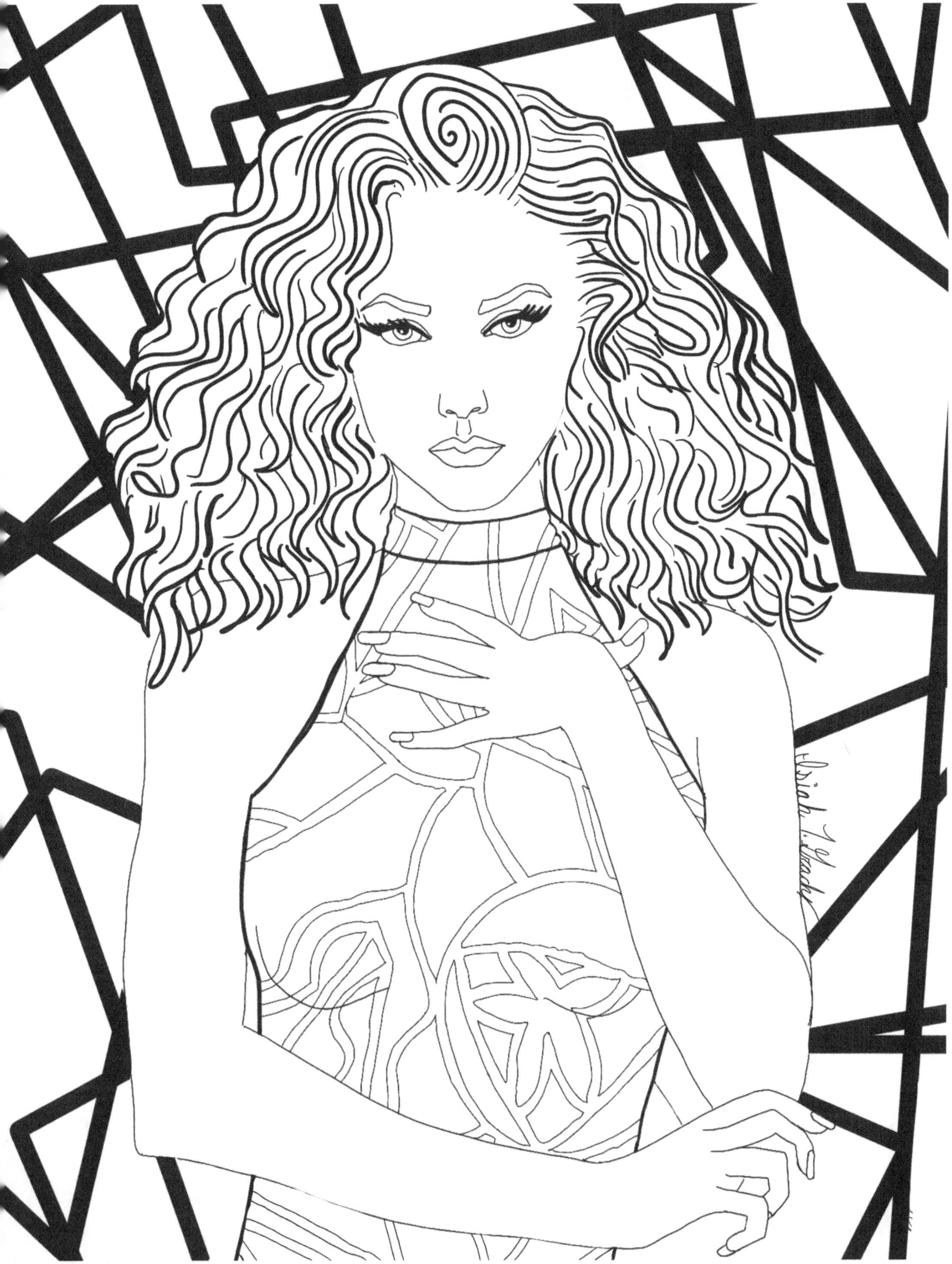

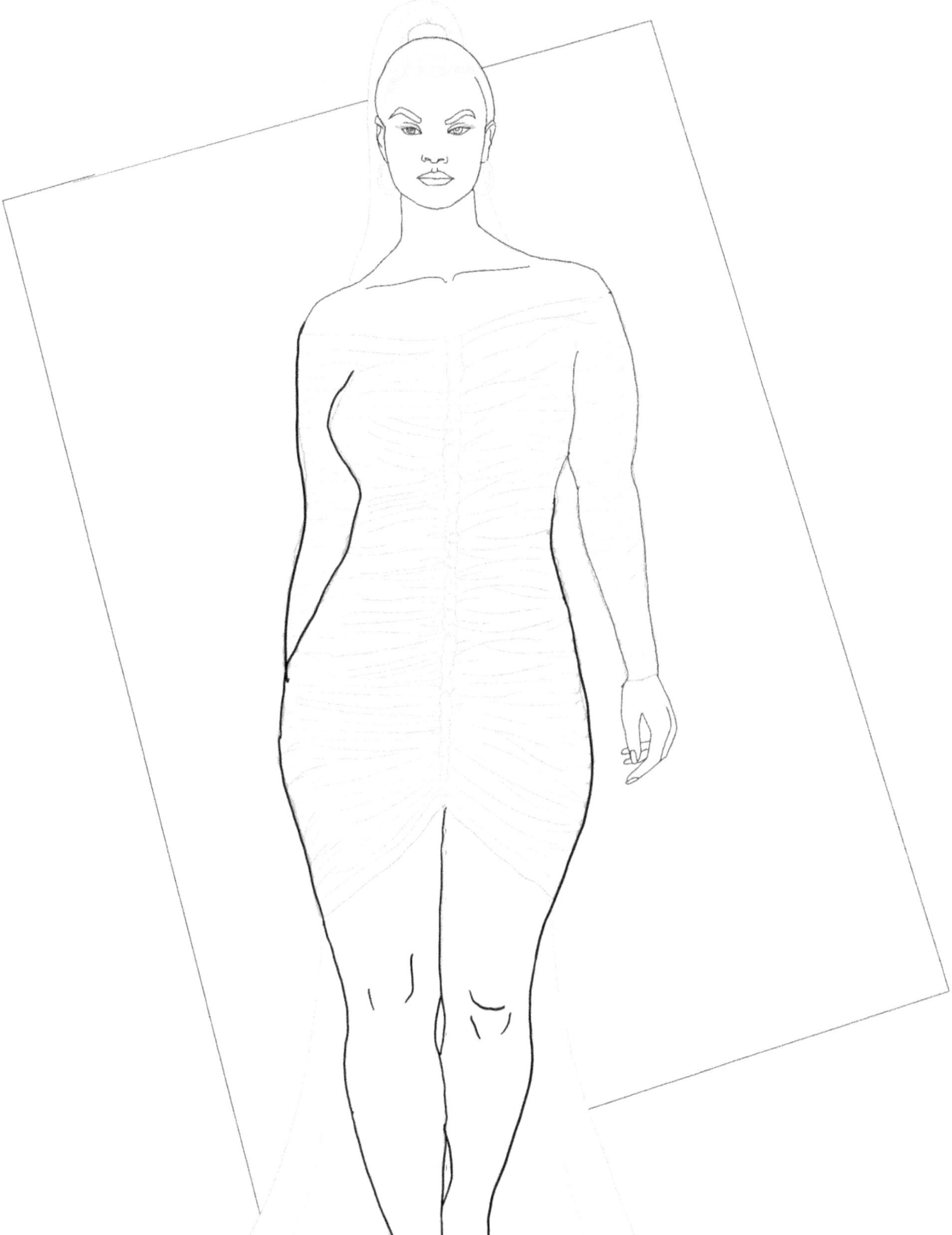

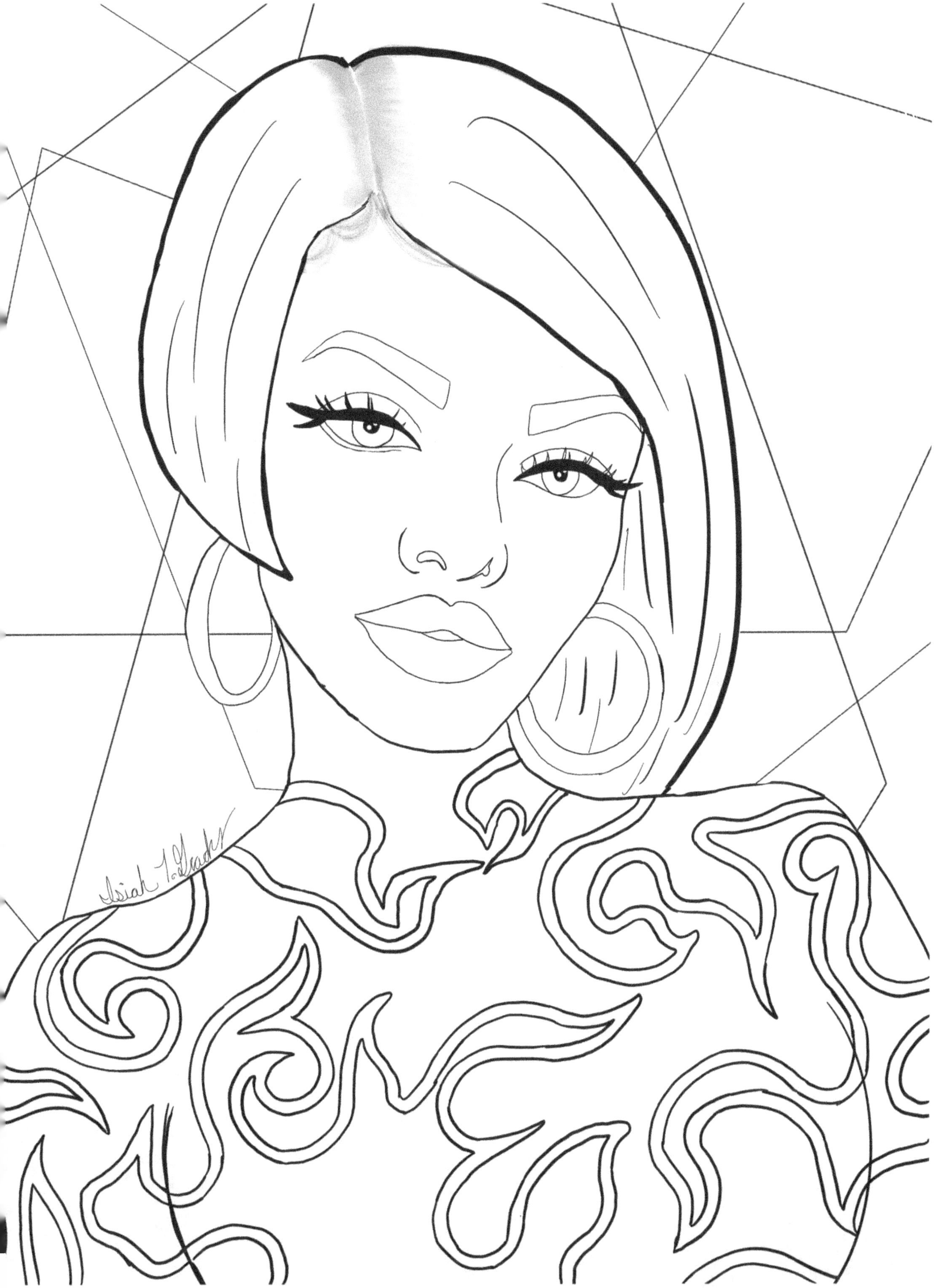
Isiah T. Grady

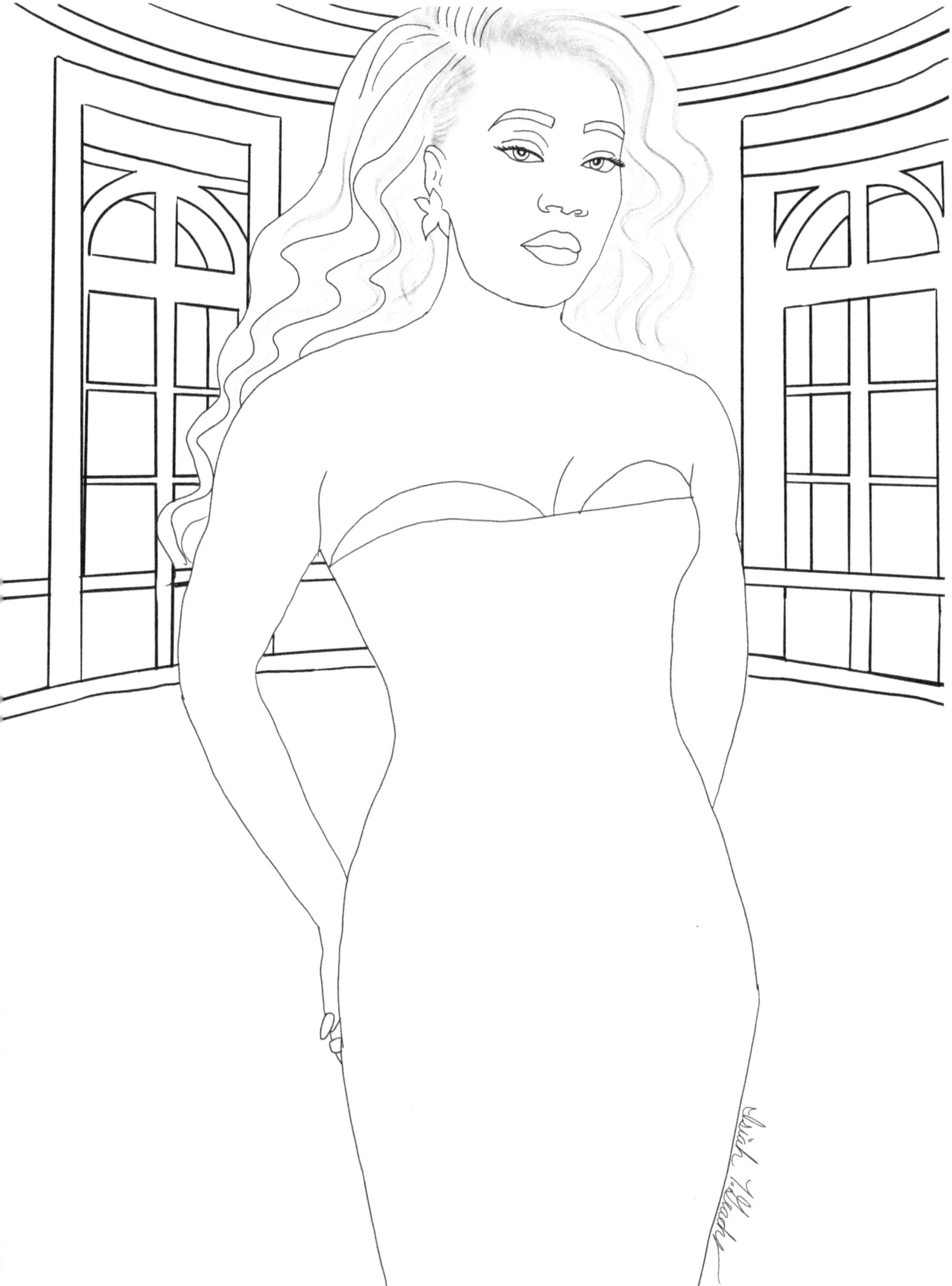

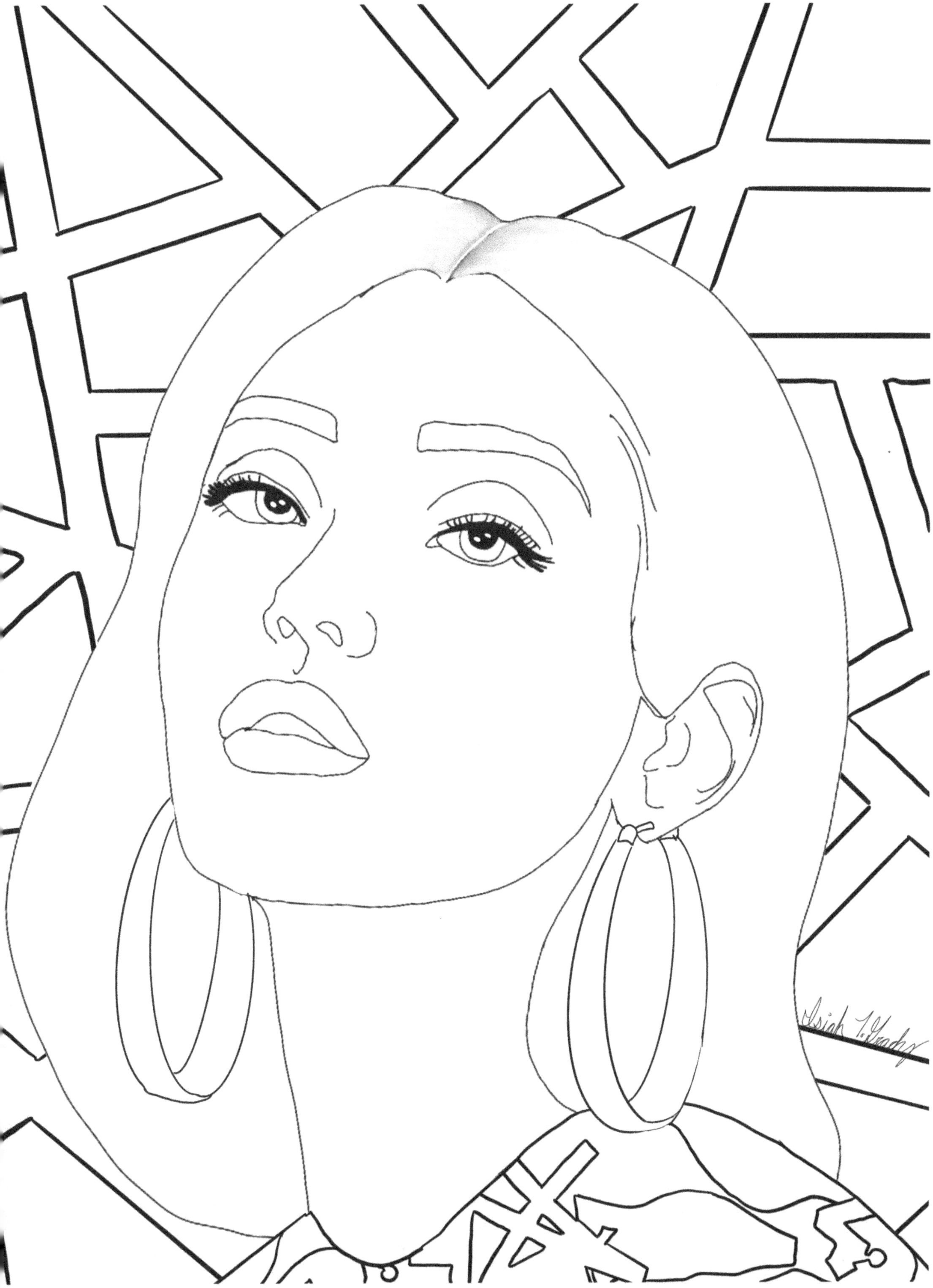
Asiah T. Grady

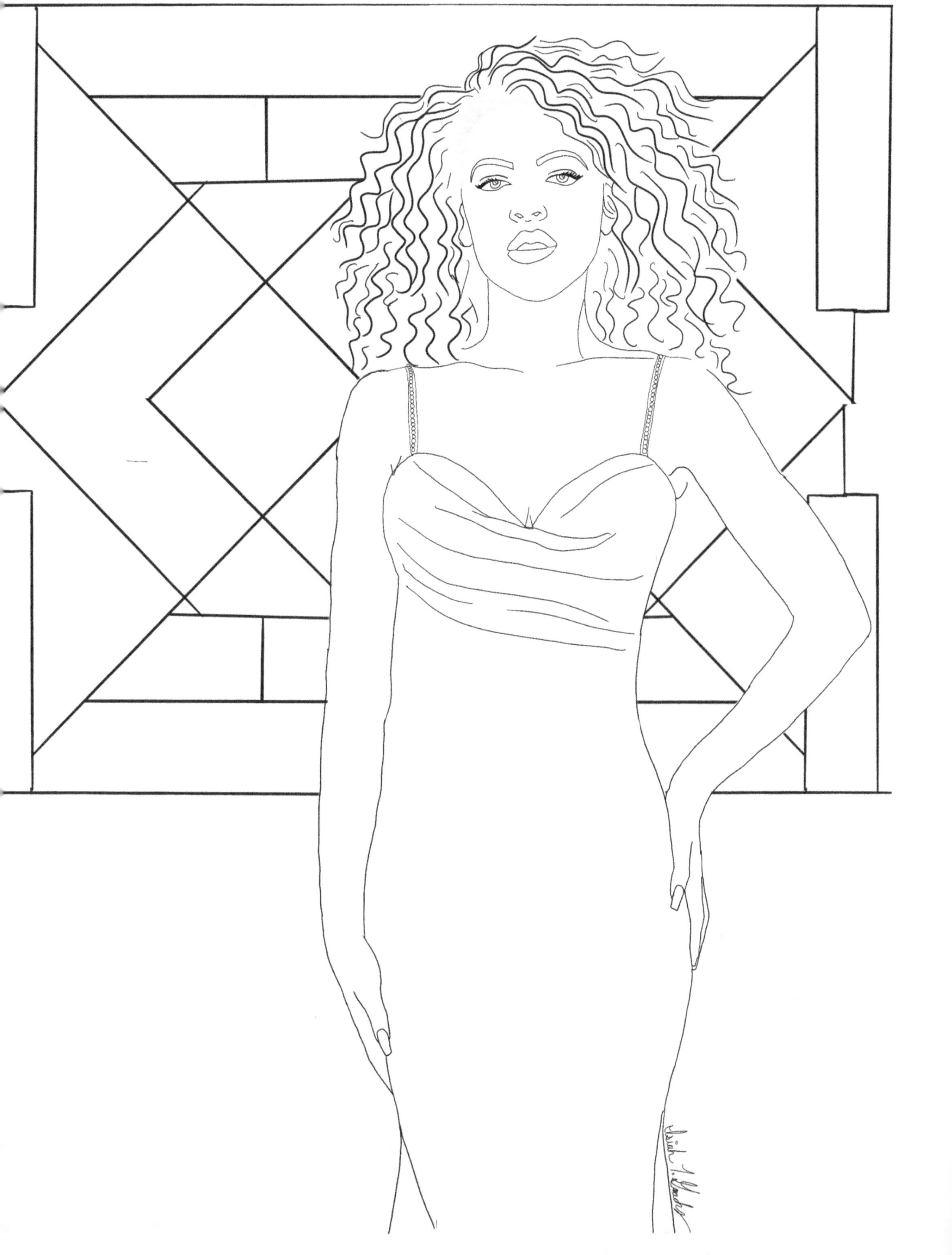

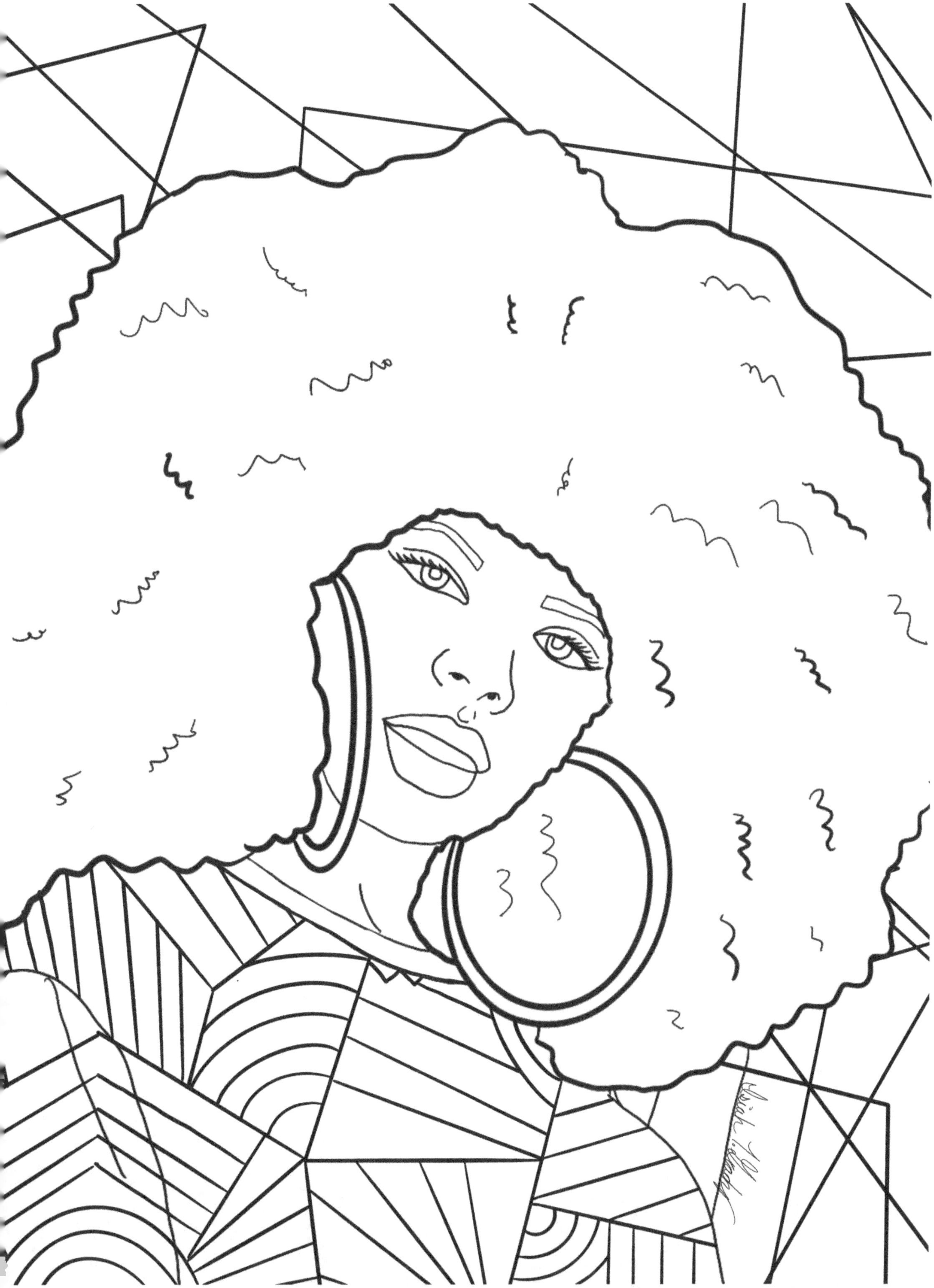

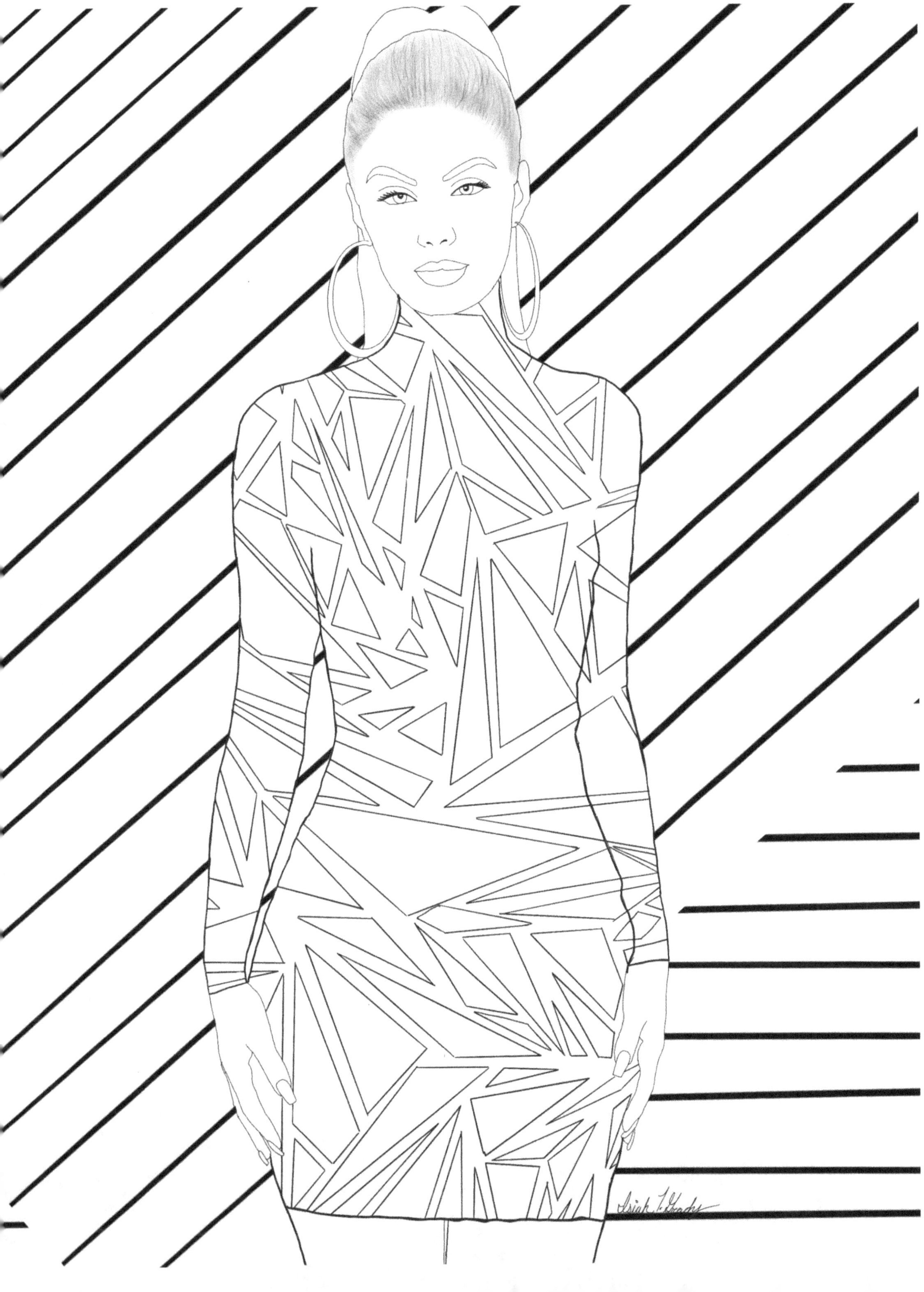

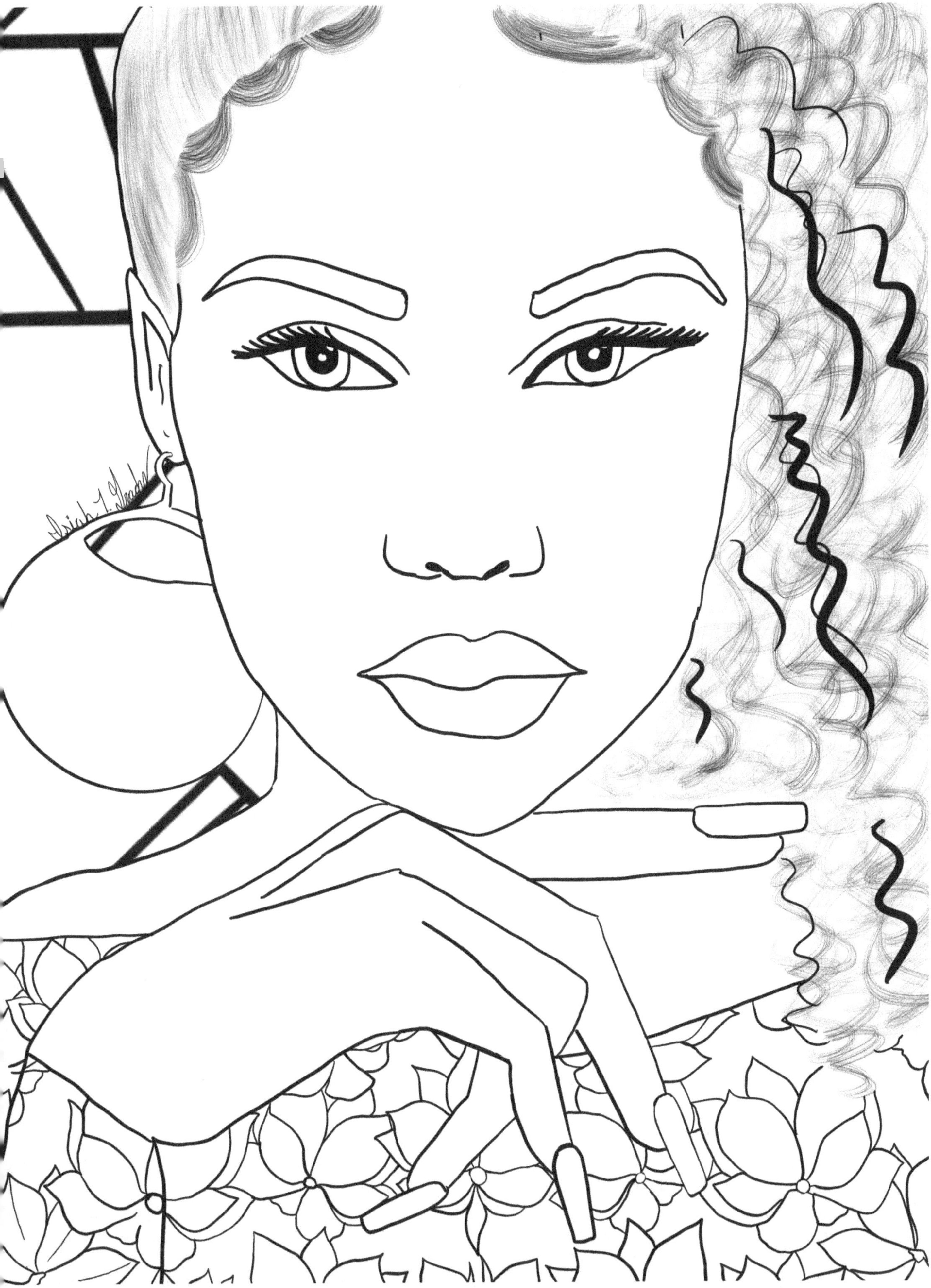

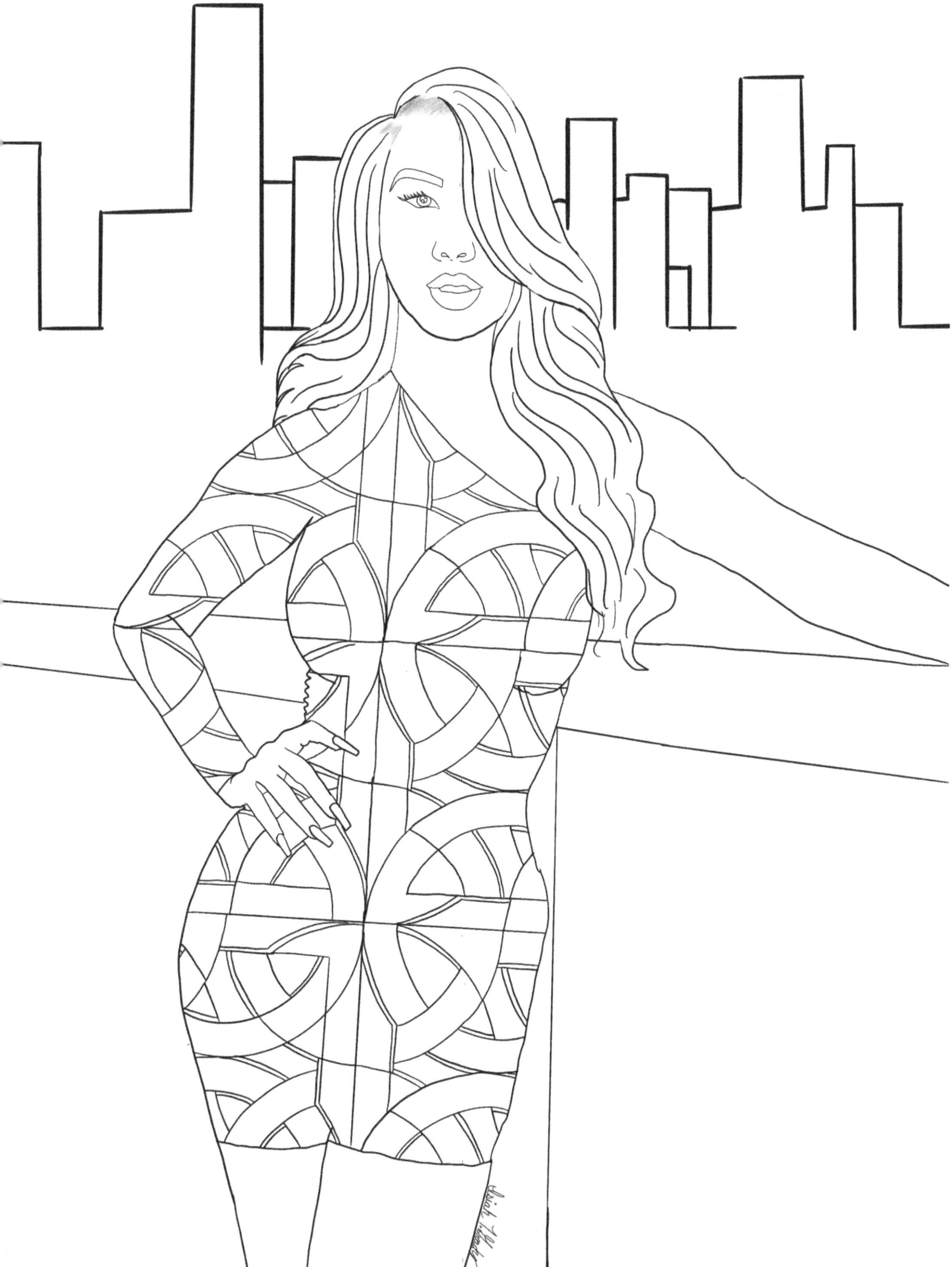

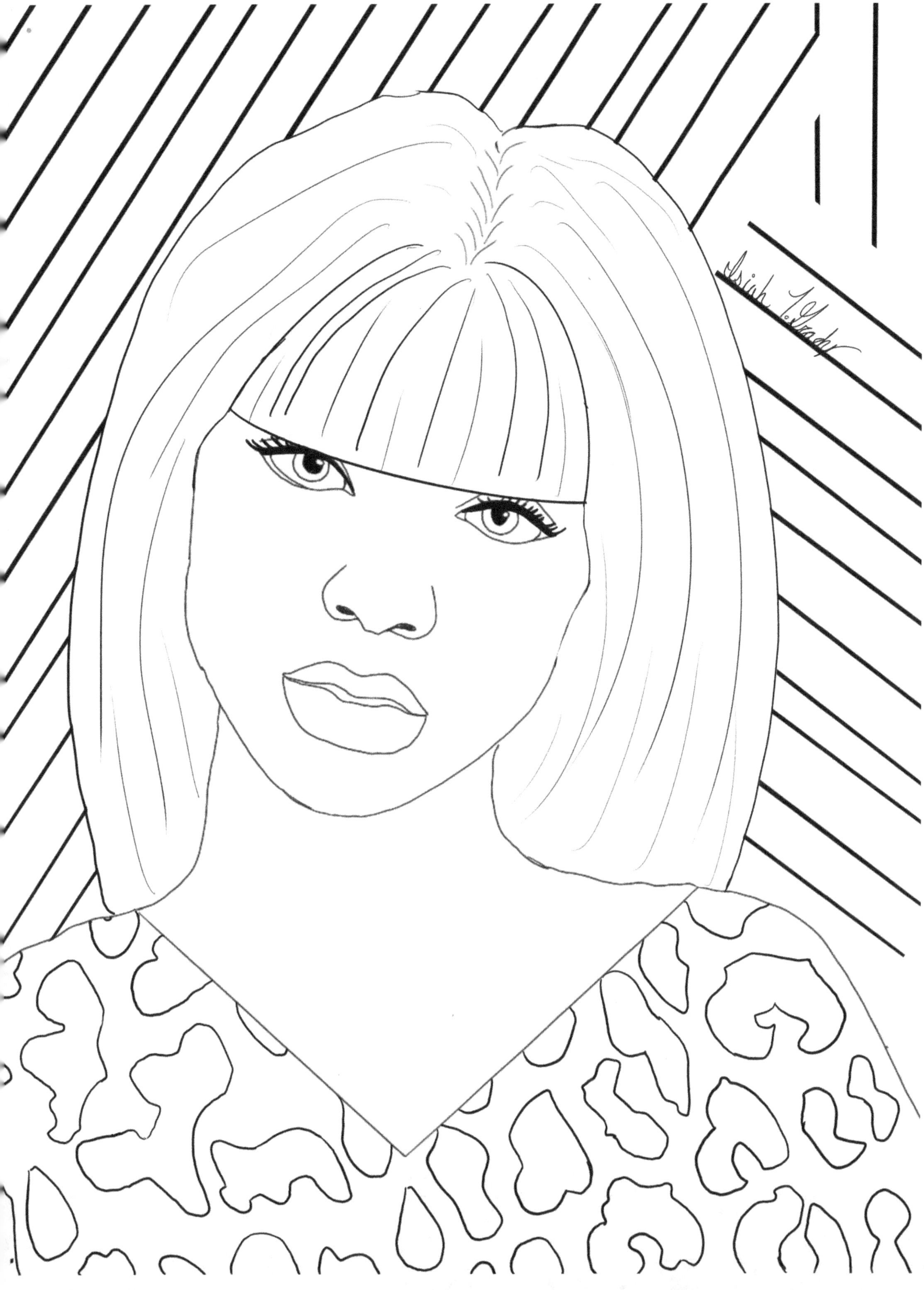
Isiah T. Grady

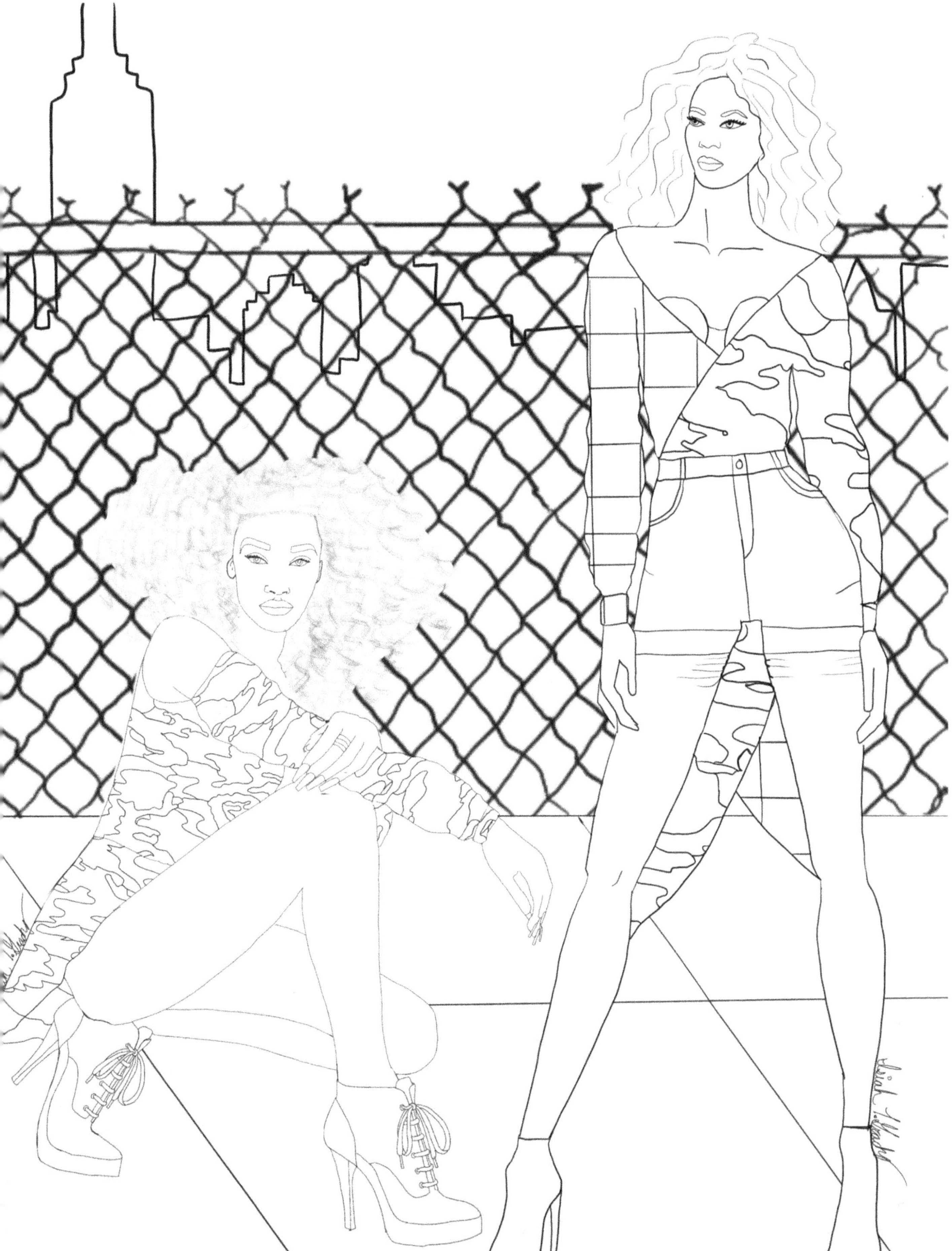

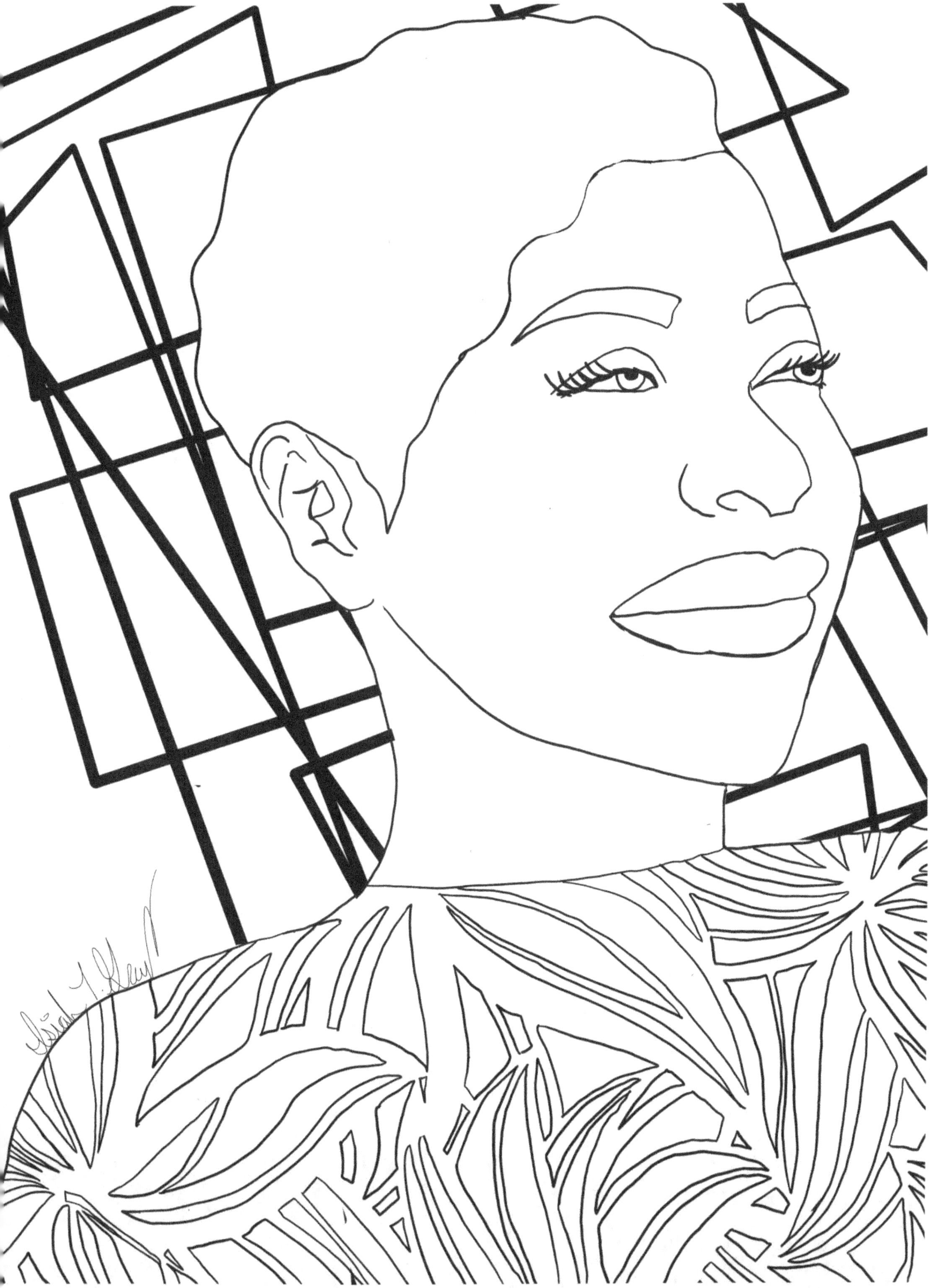

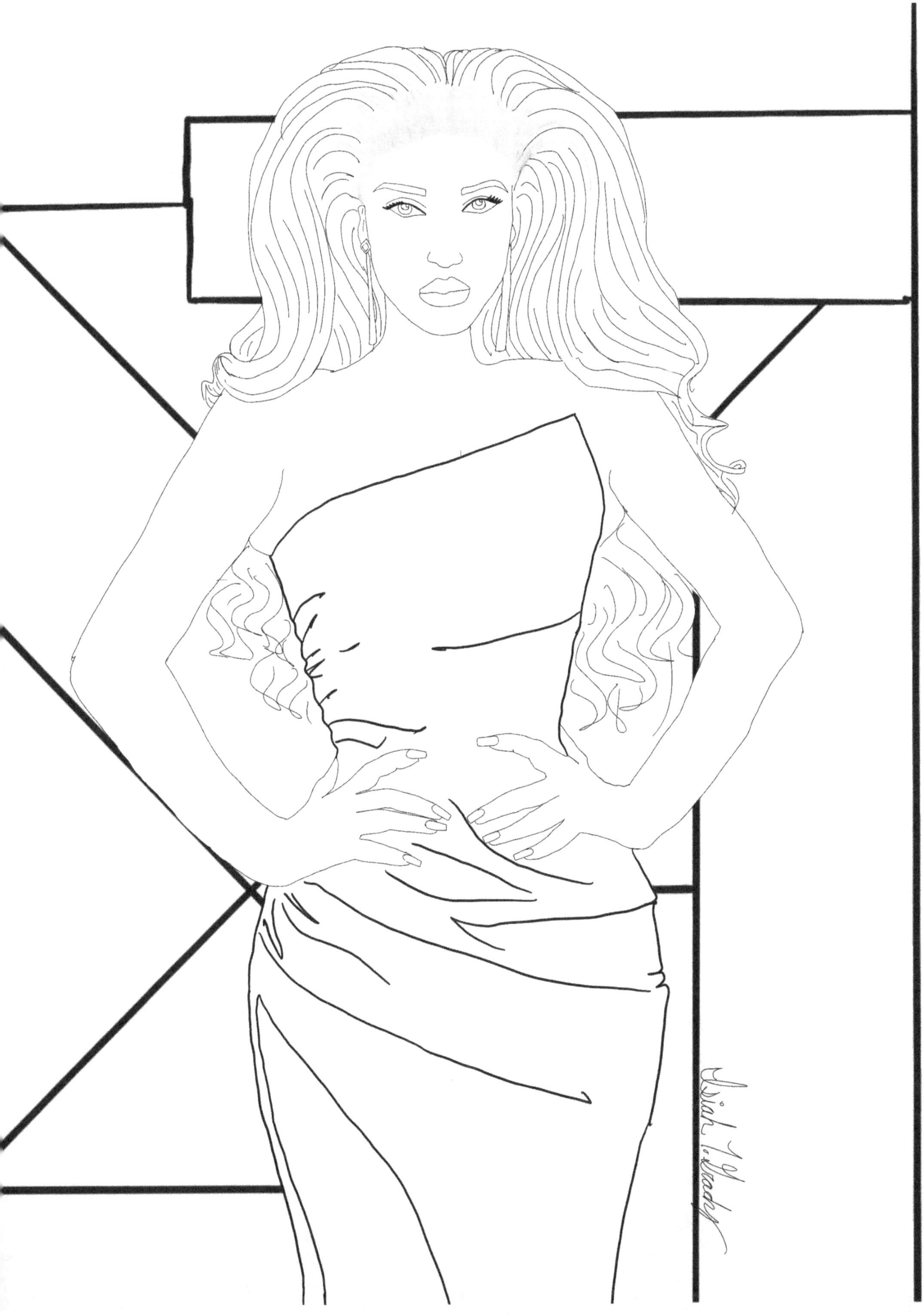

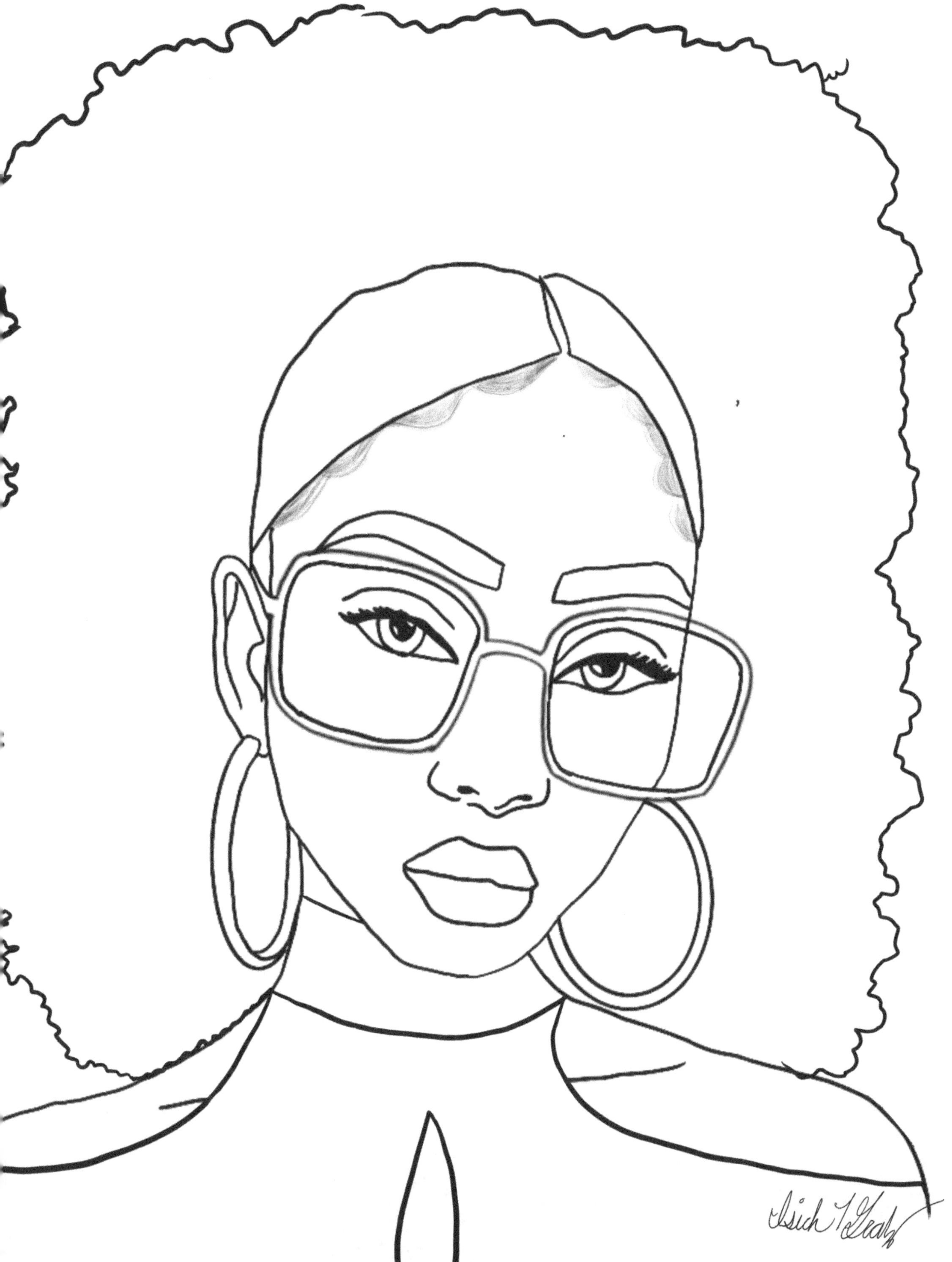

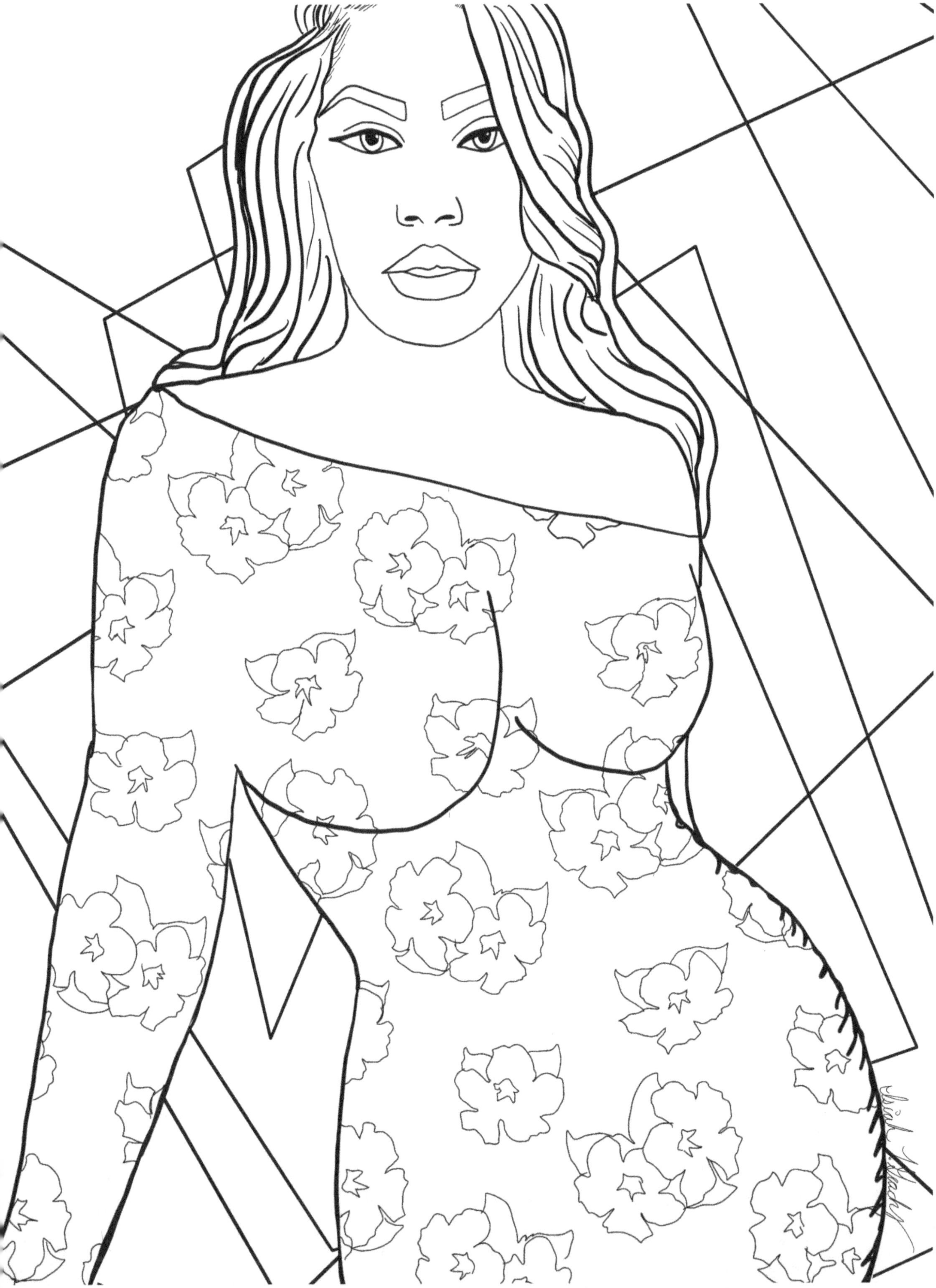

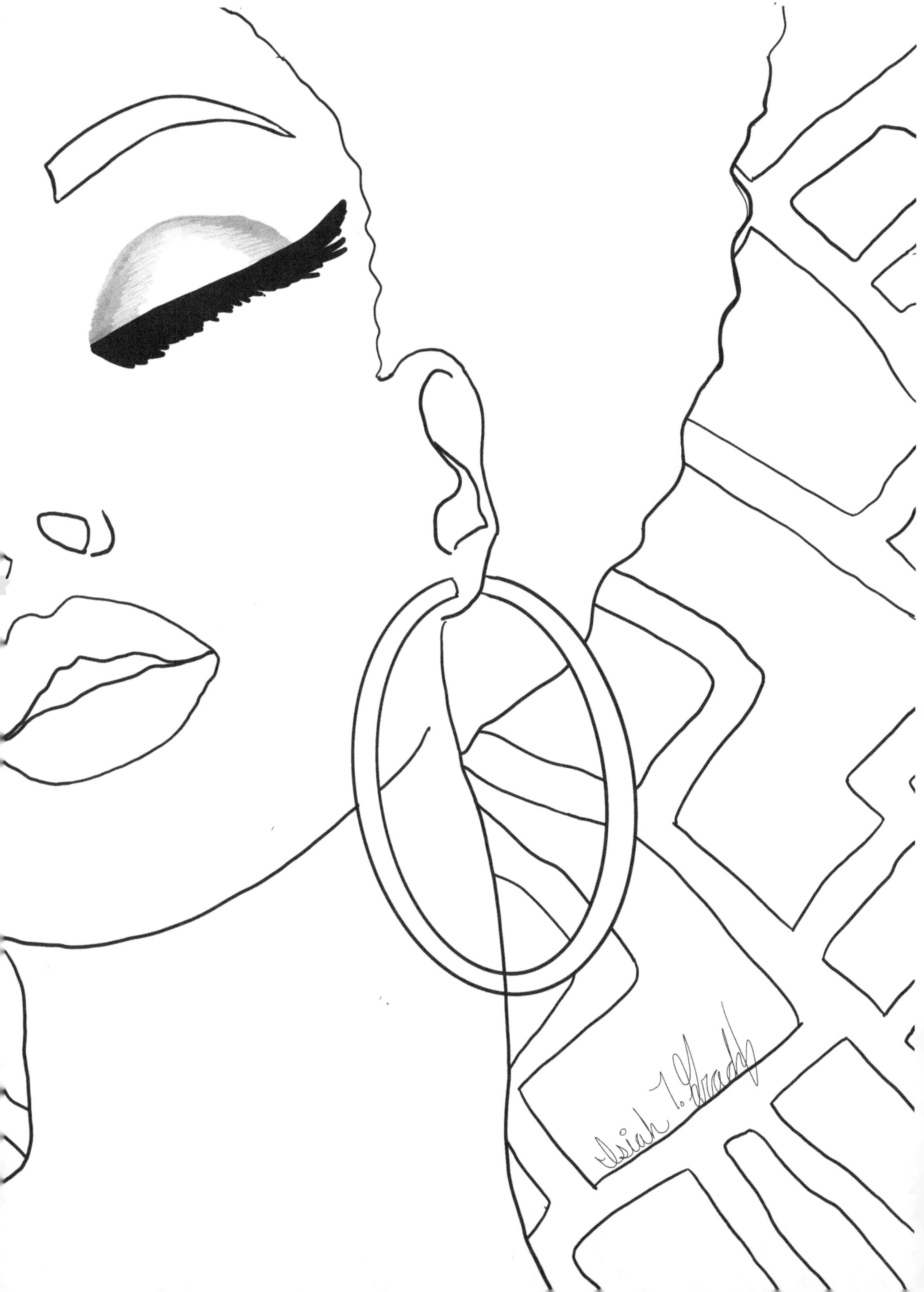
Isiah T. Grady

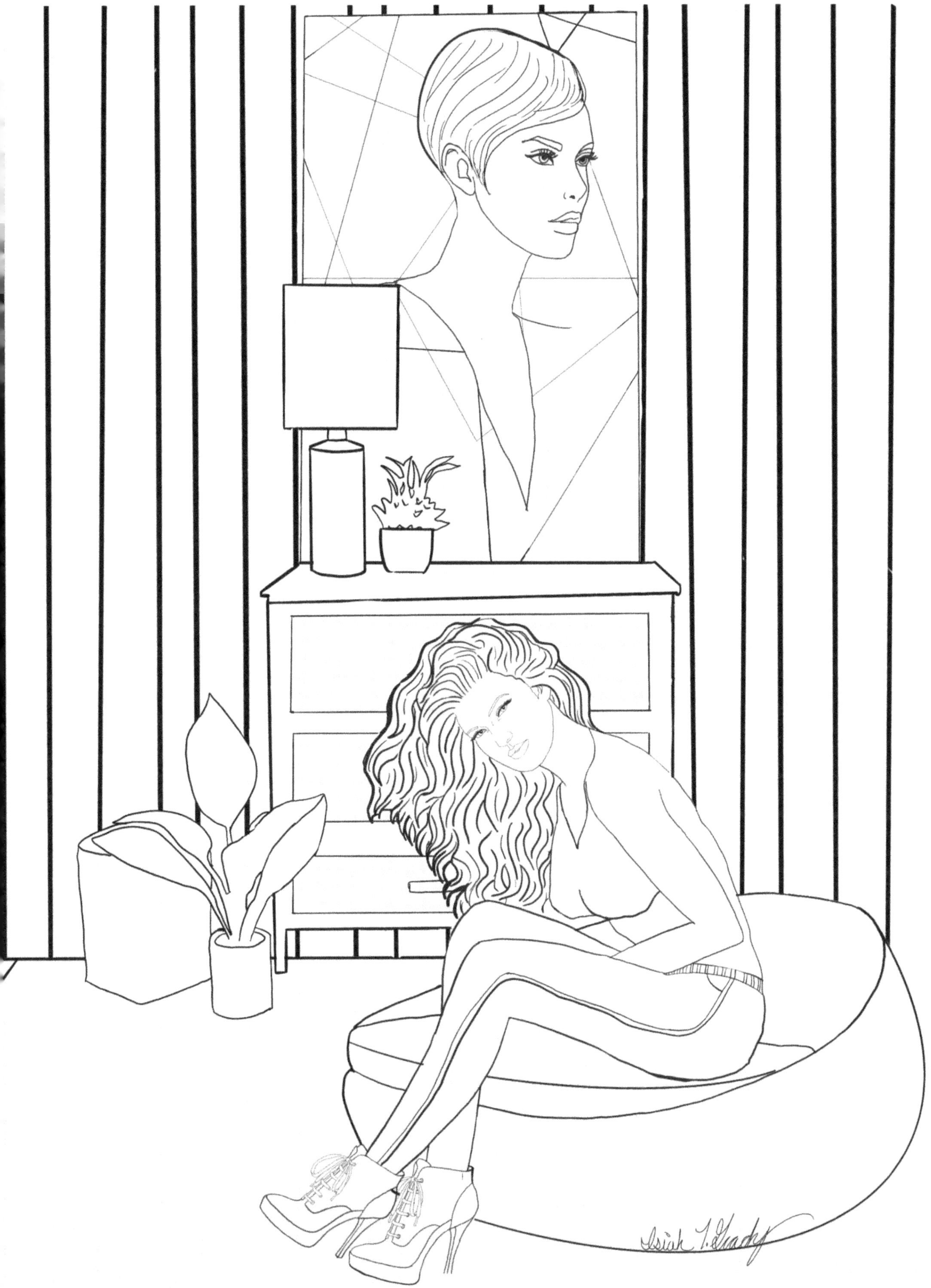
Isiah T. Grady

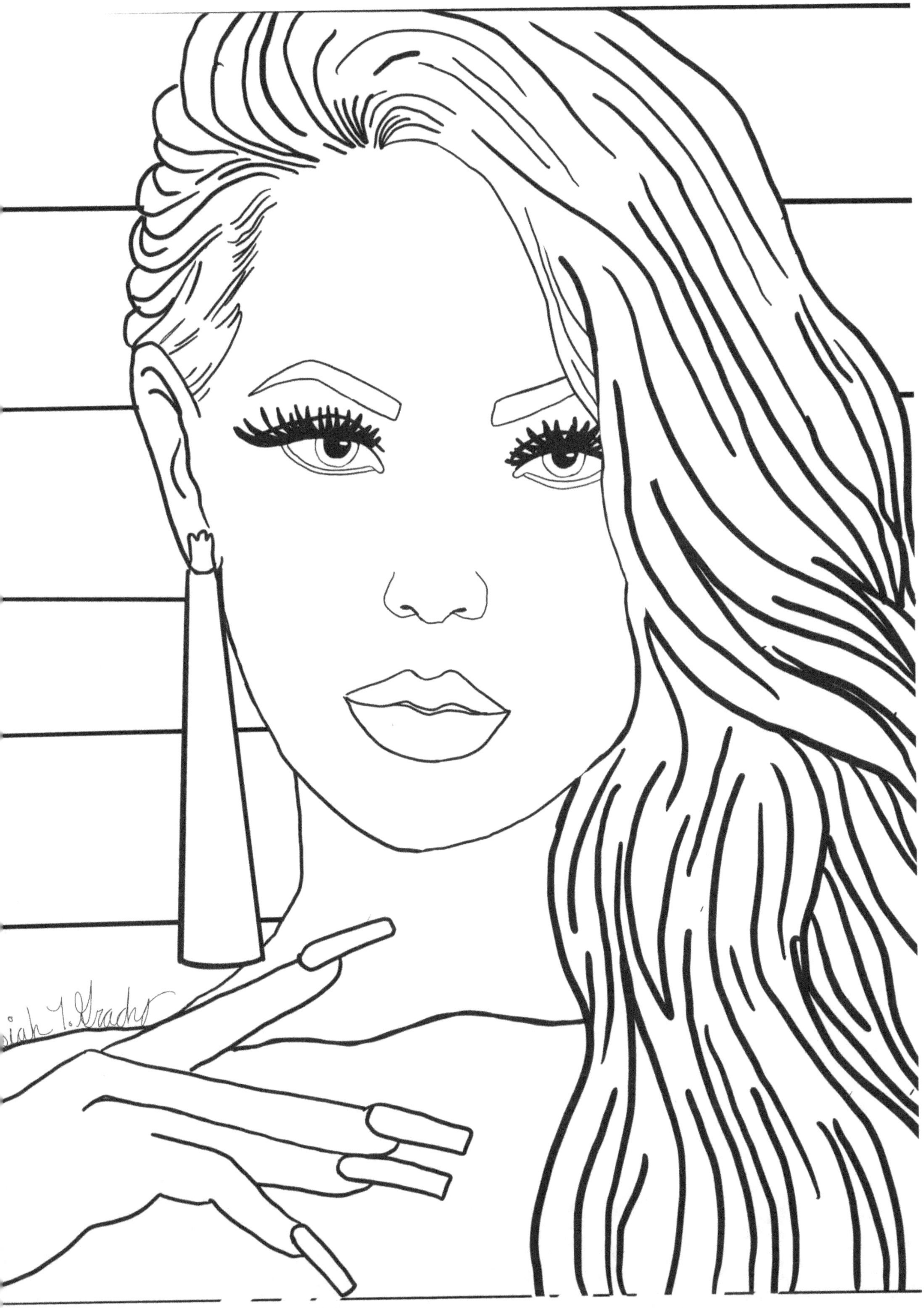

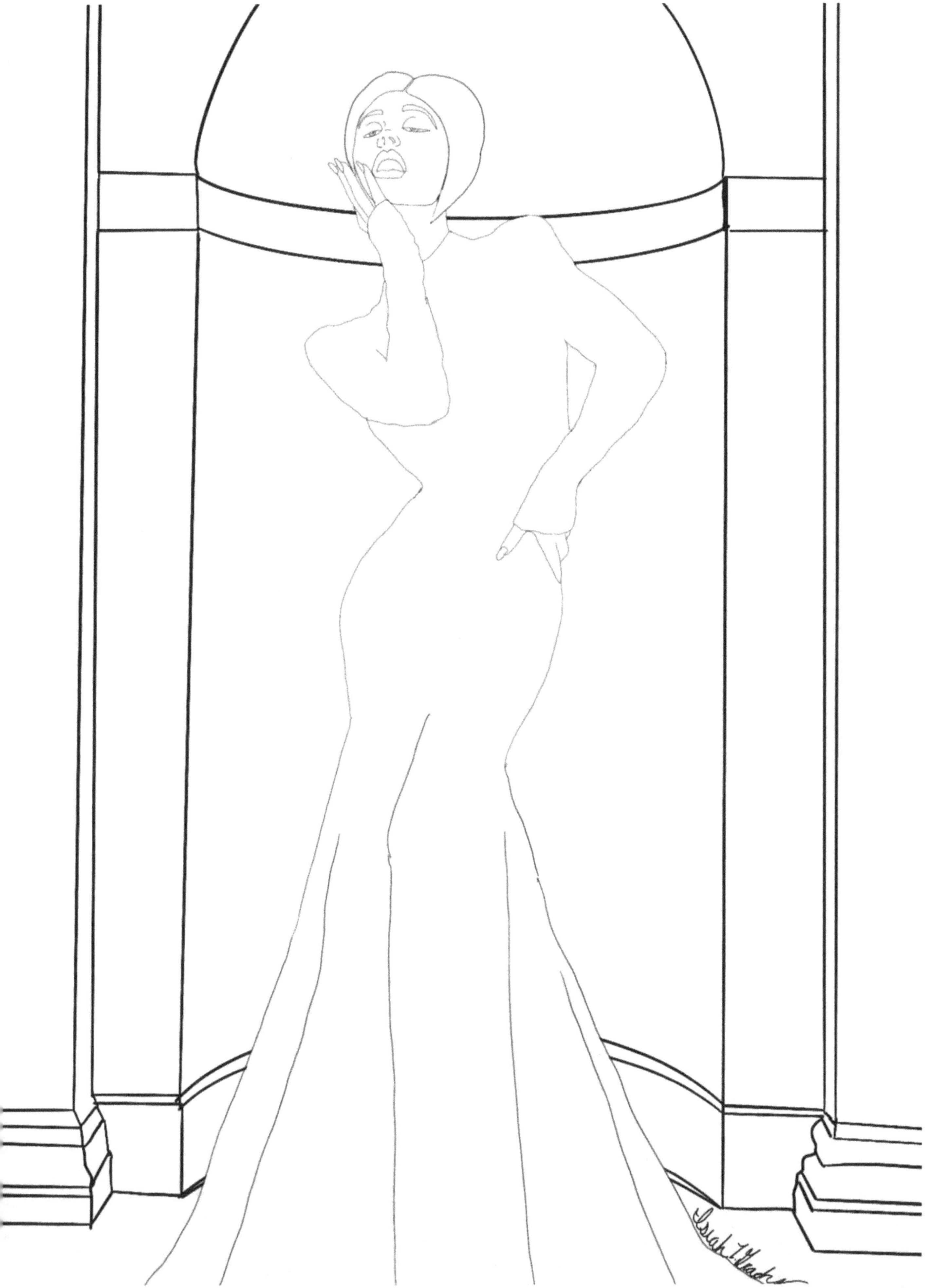

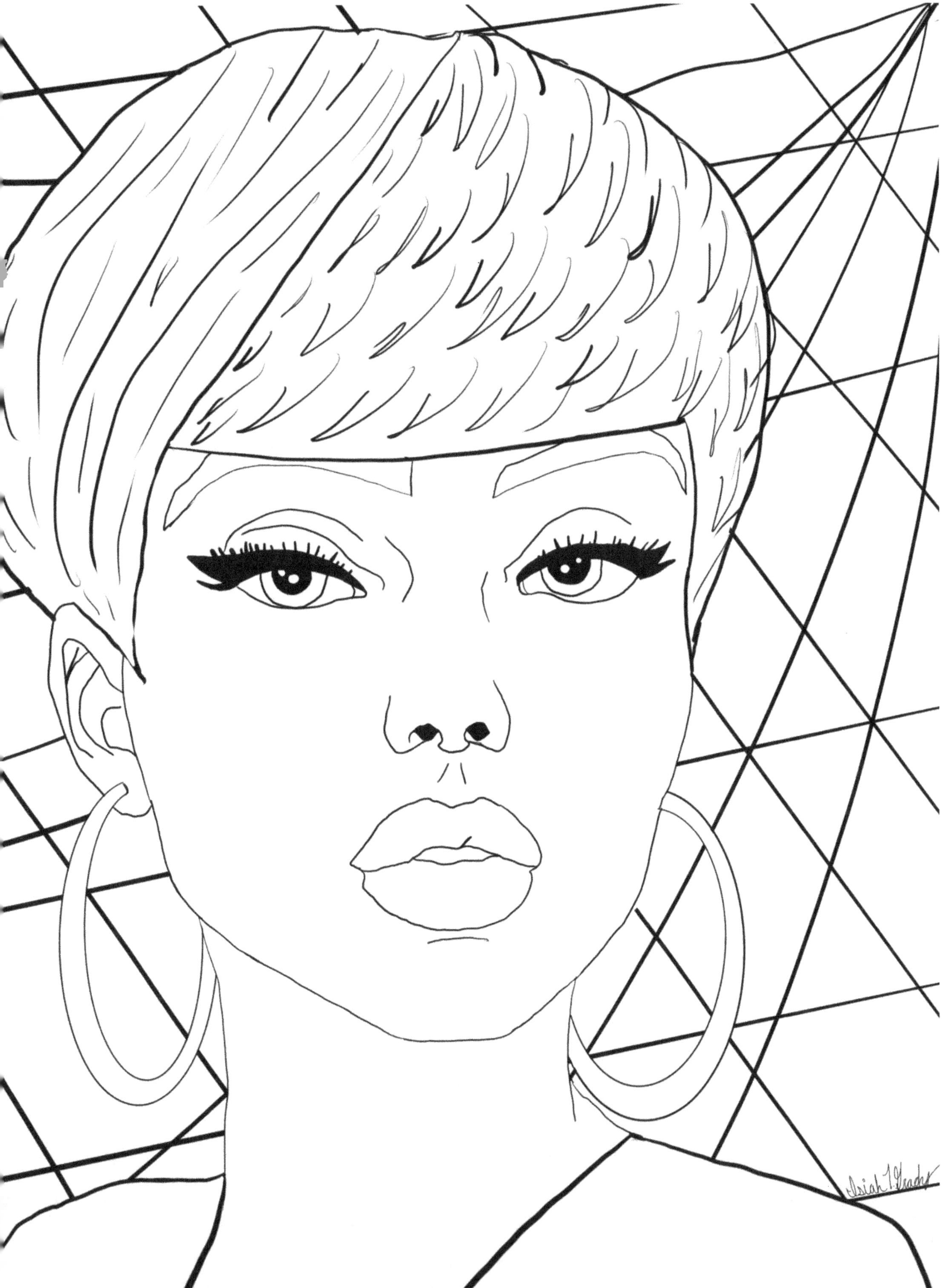
Isiah T. Grady

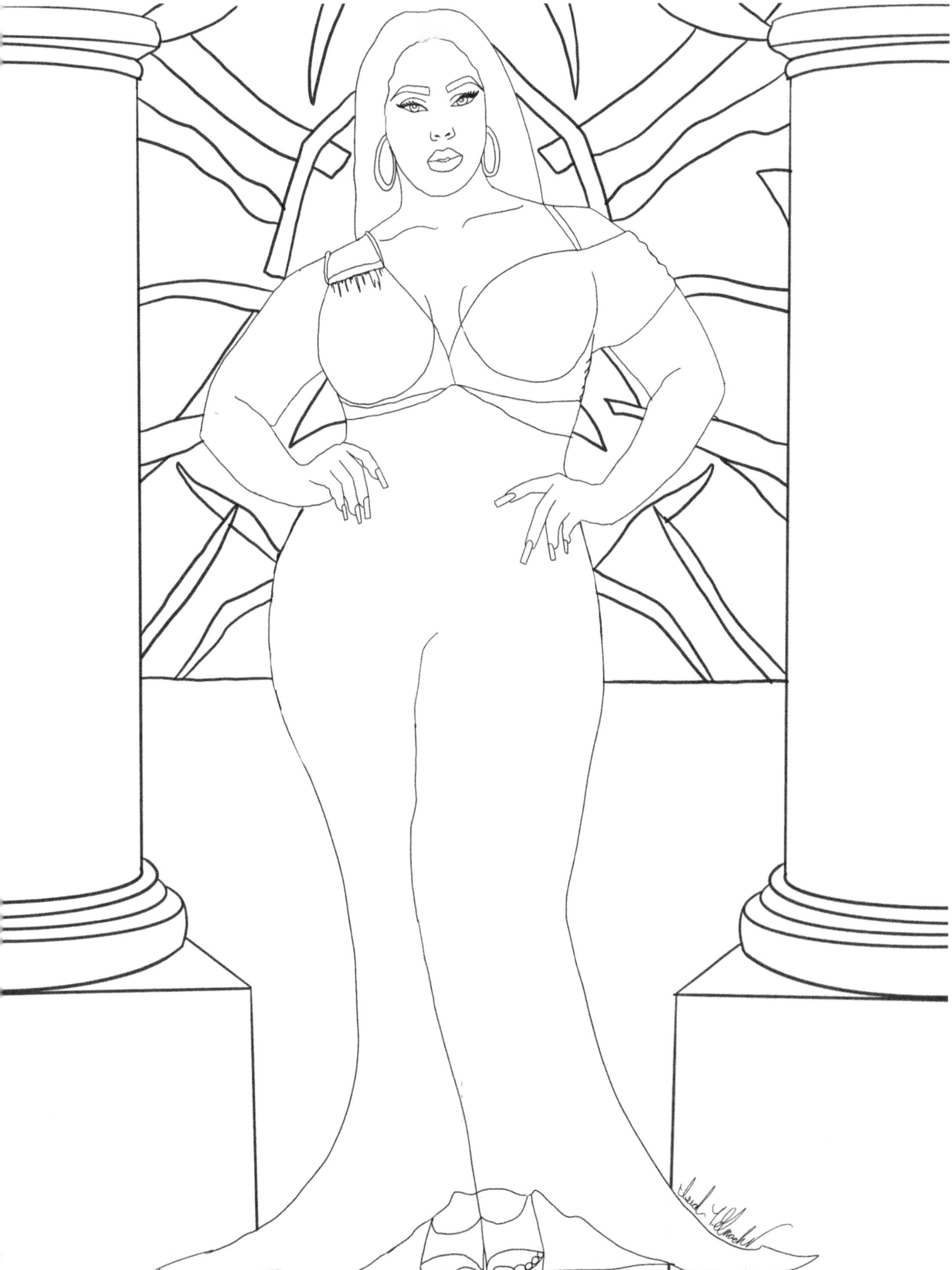

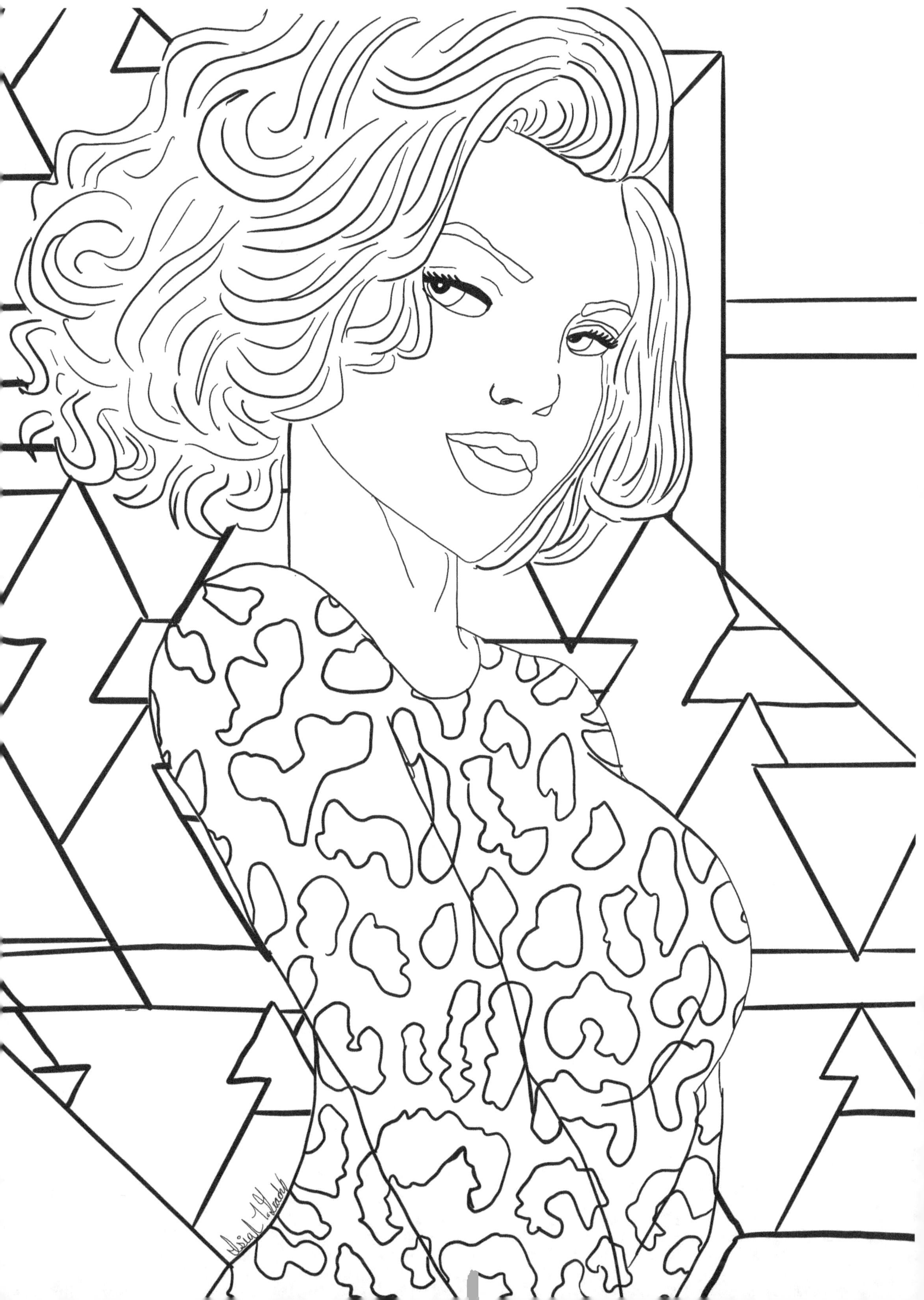

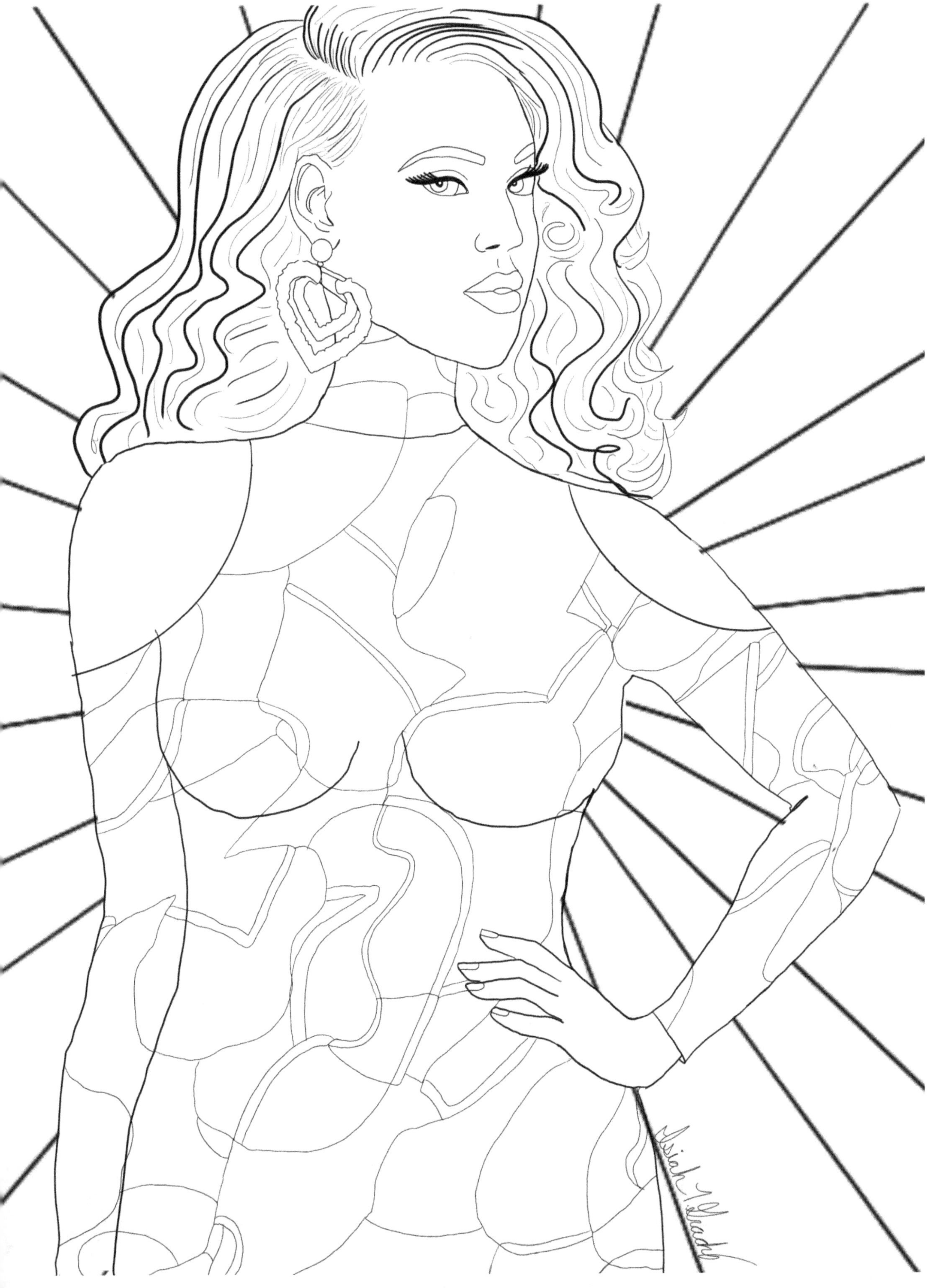

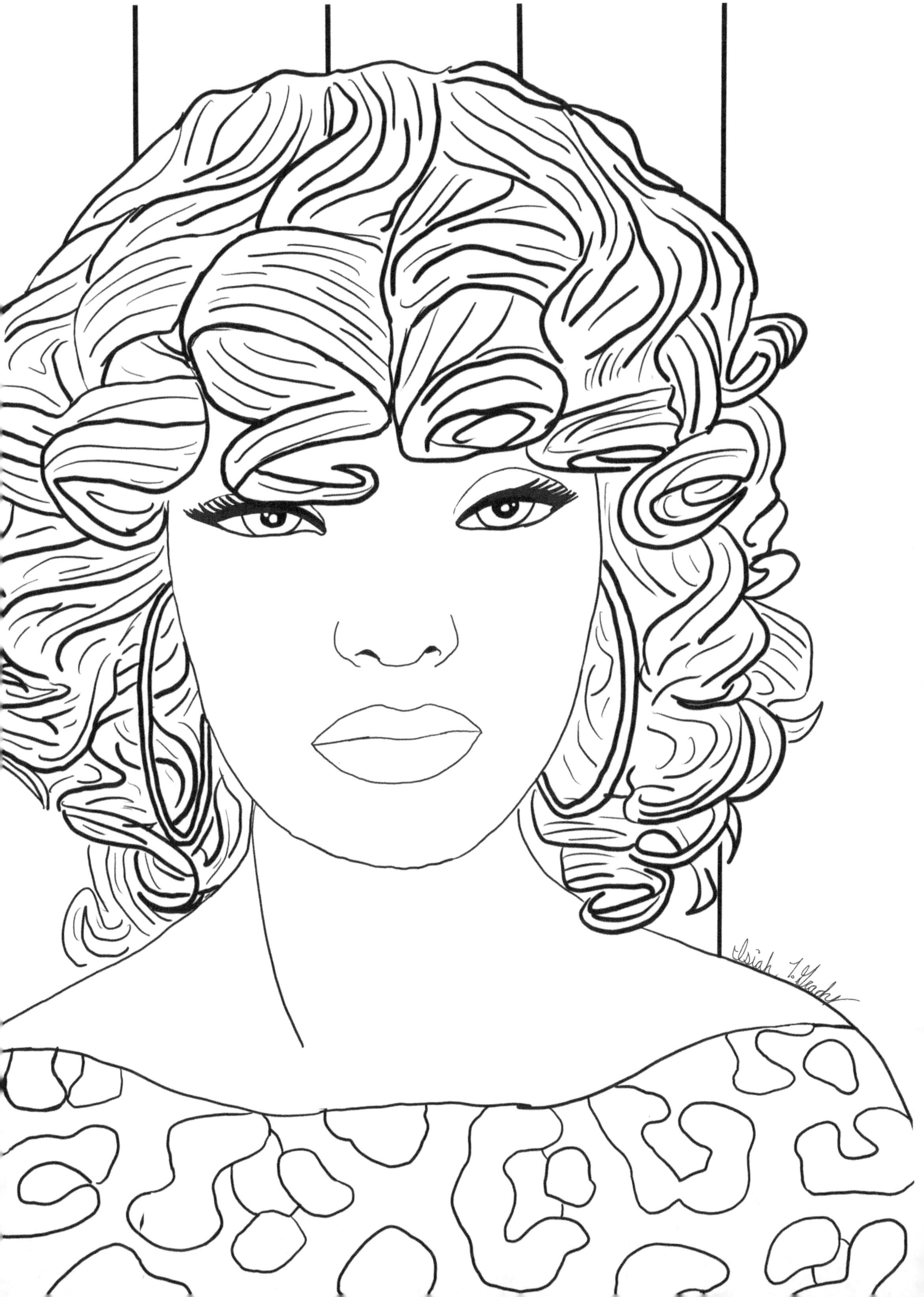
Isiah T.

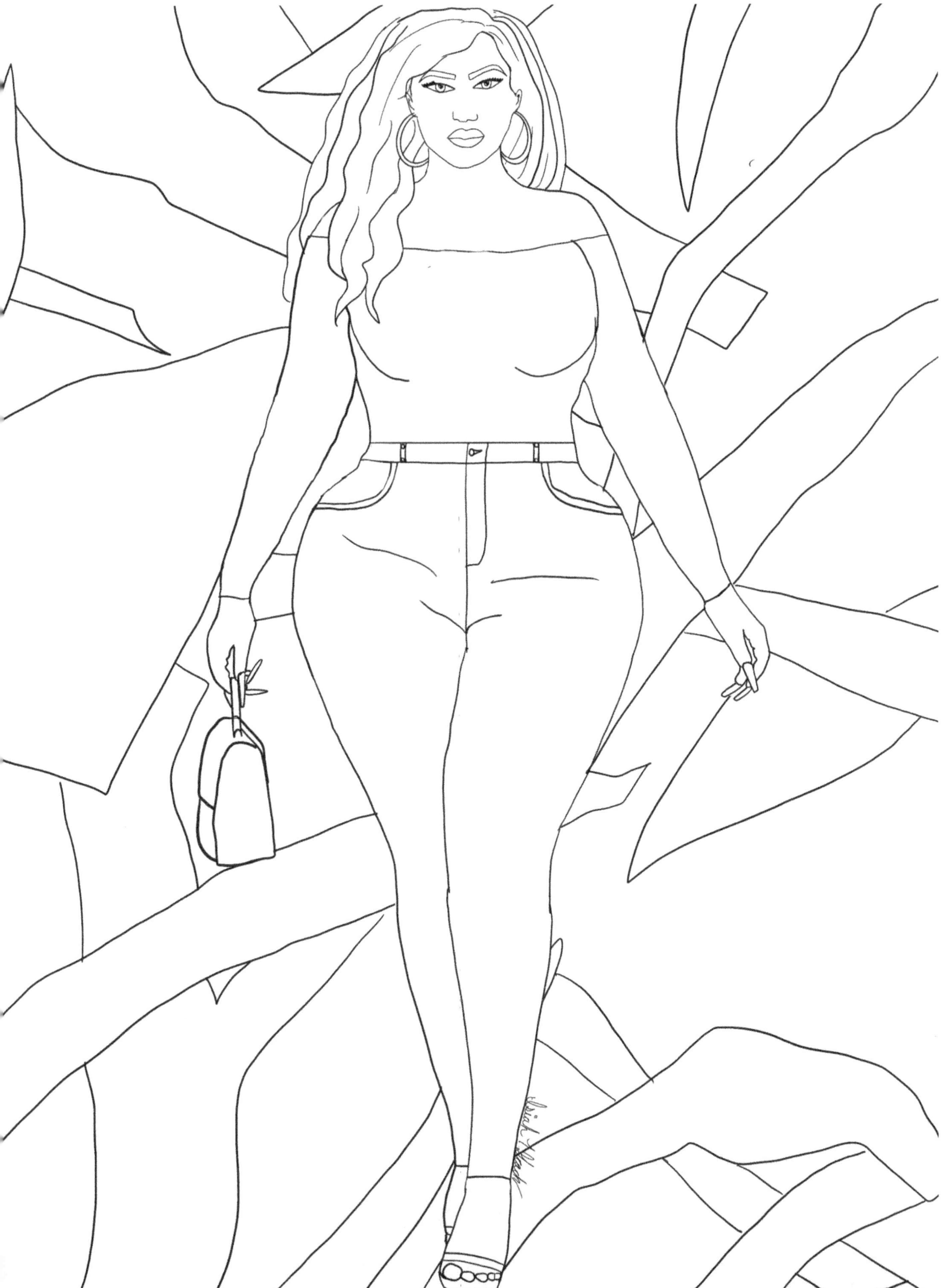

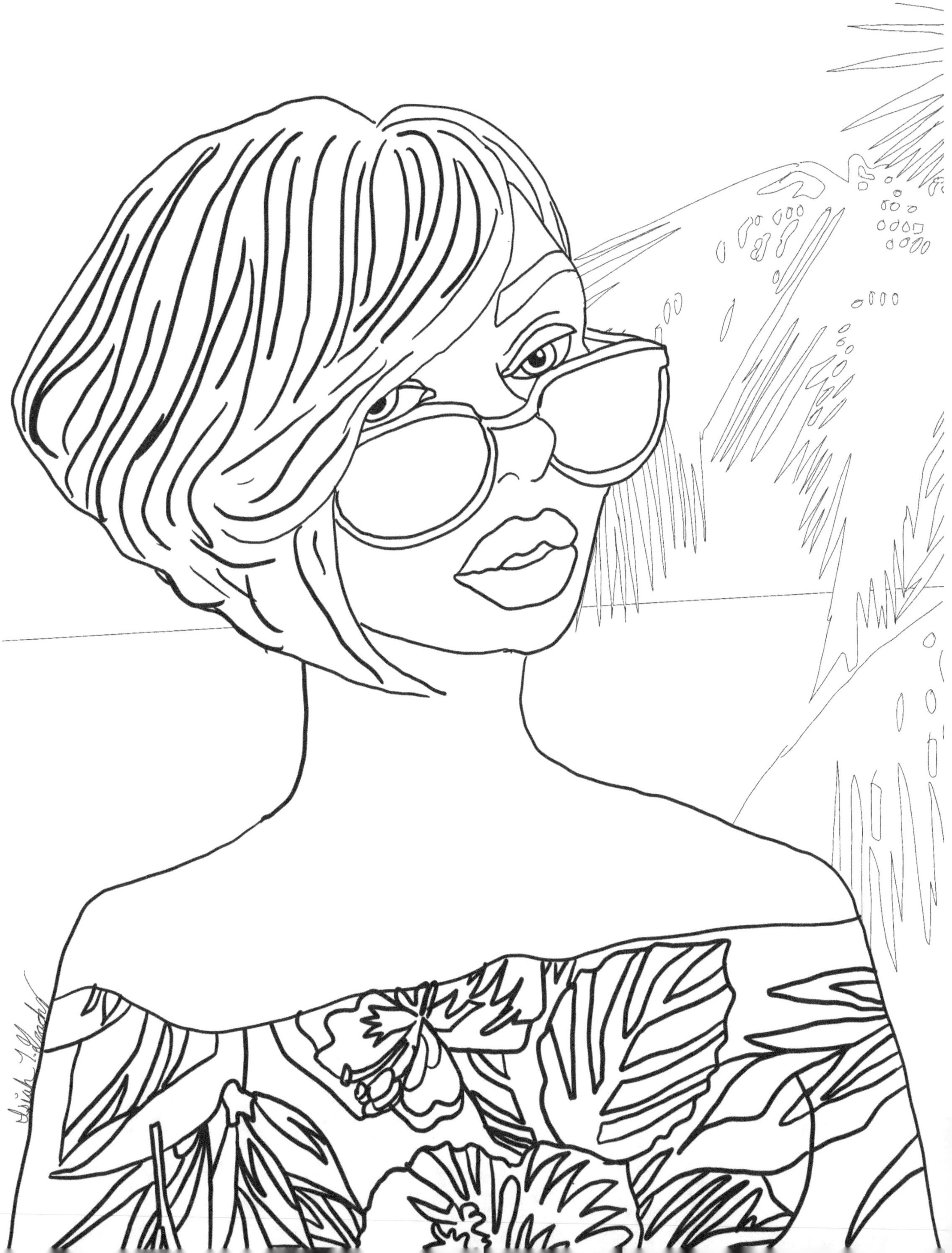

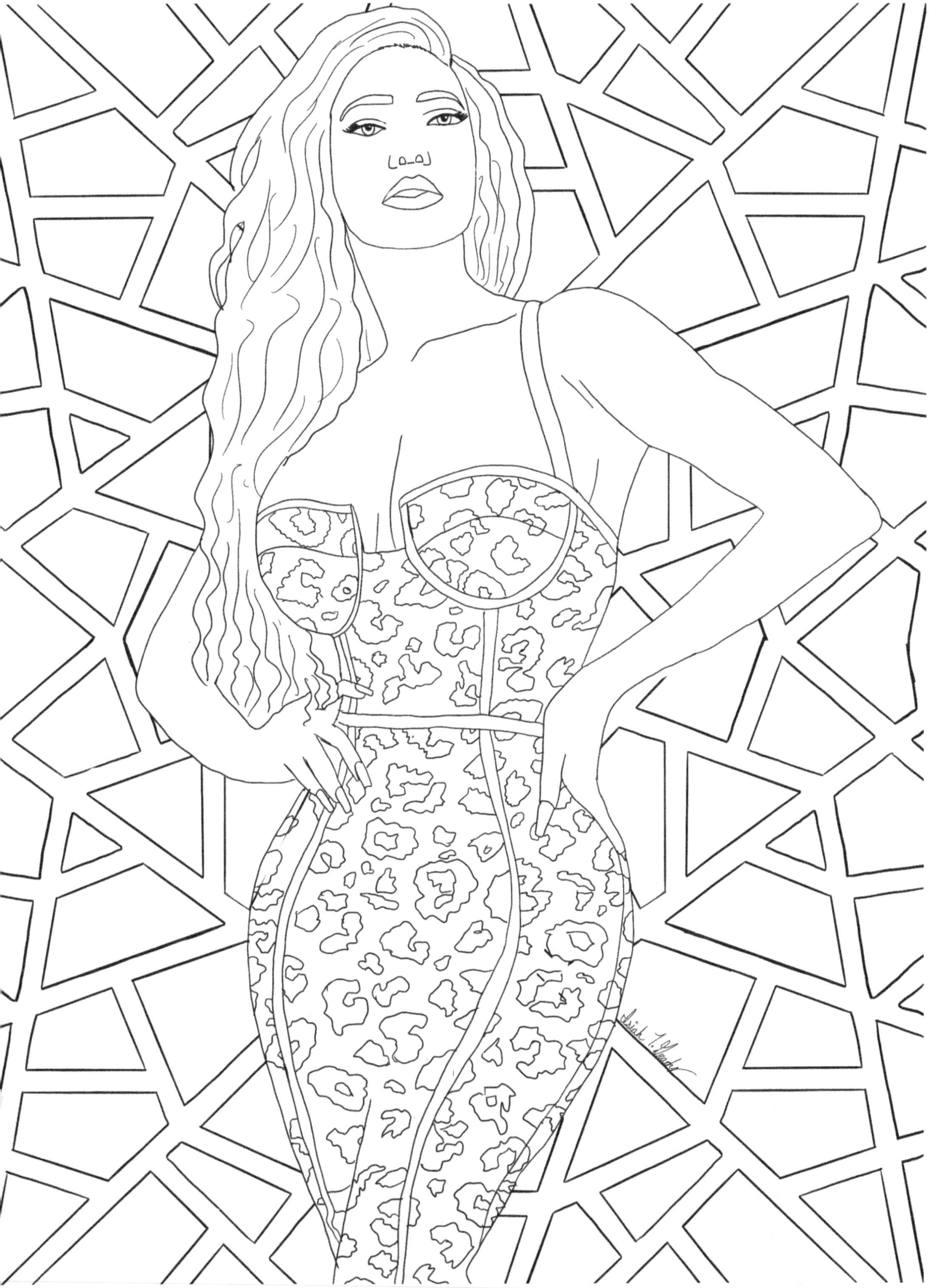

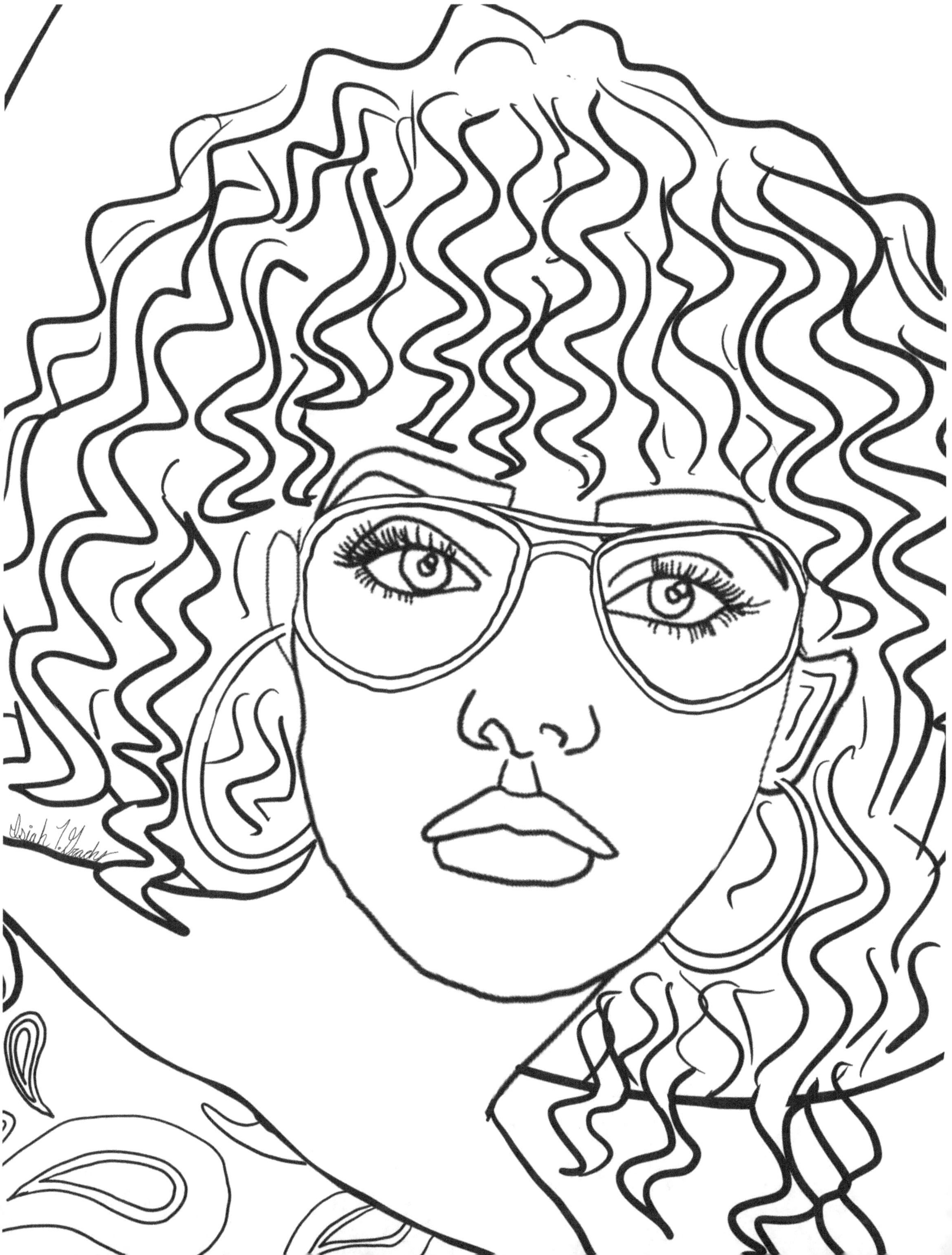

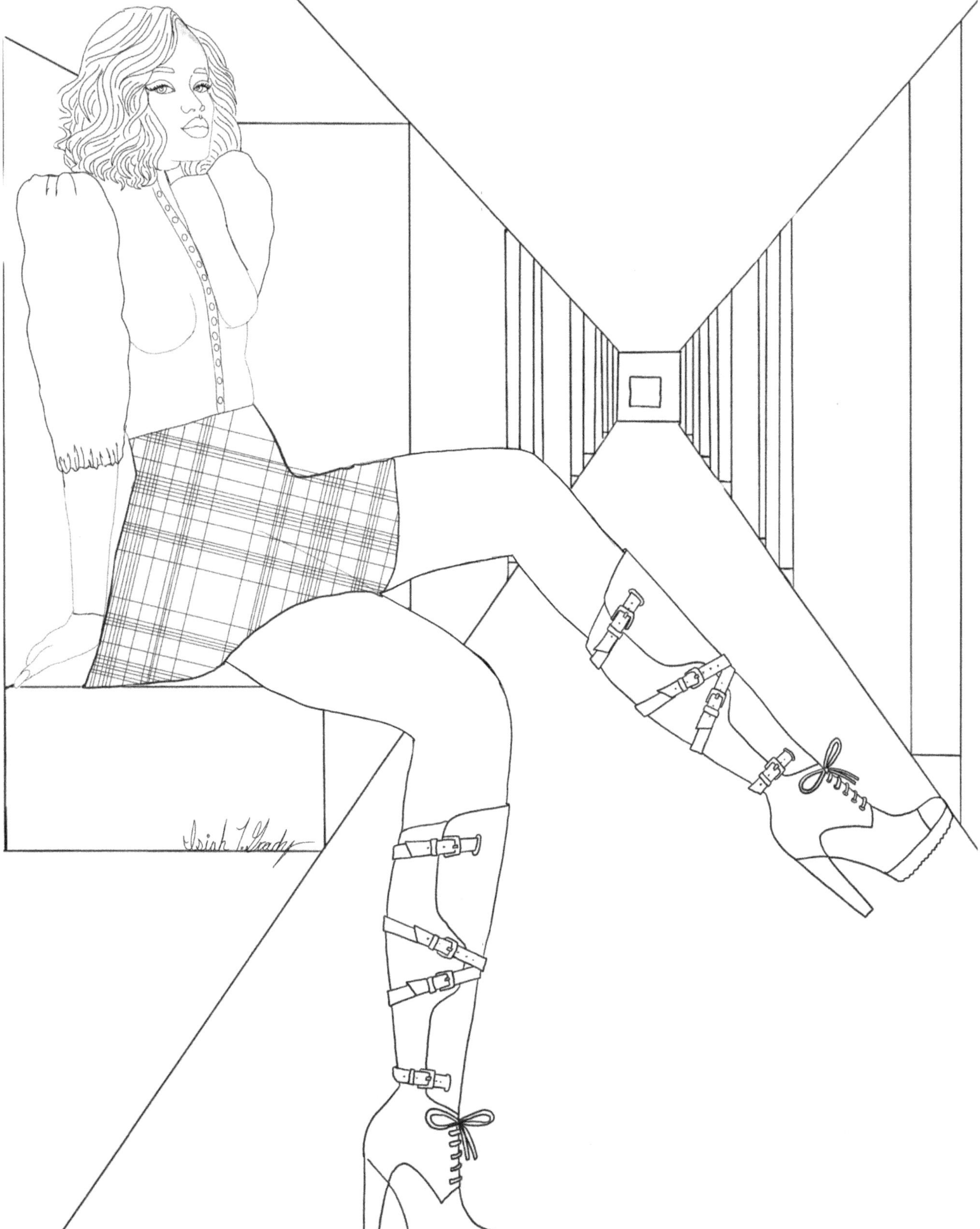
Isiah T. Grady

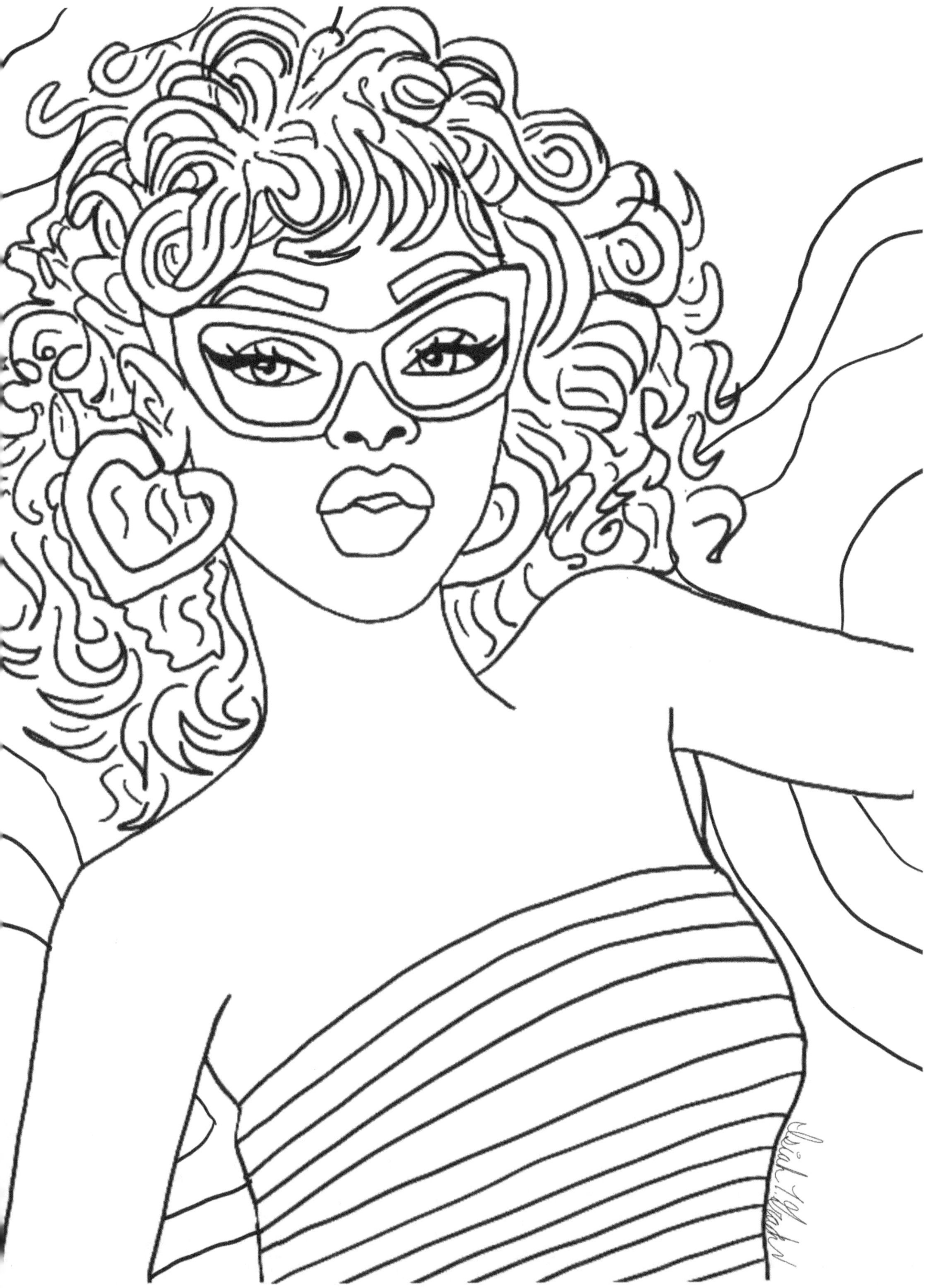

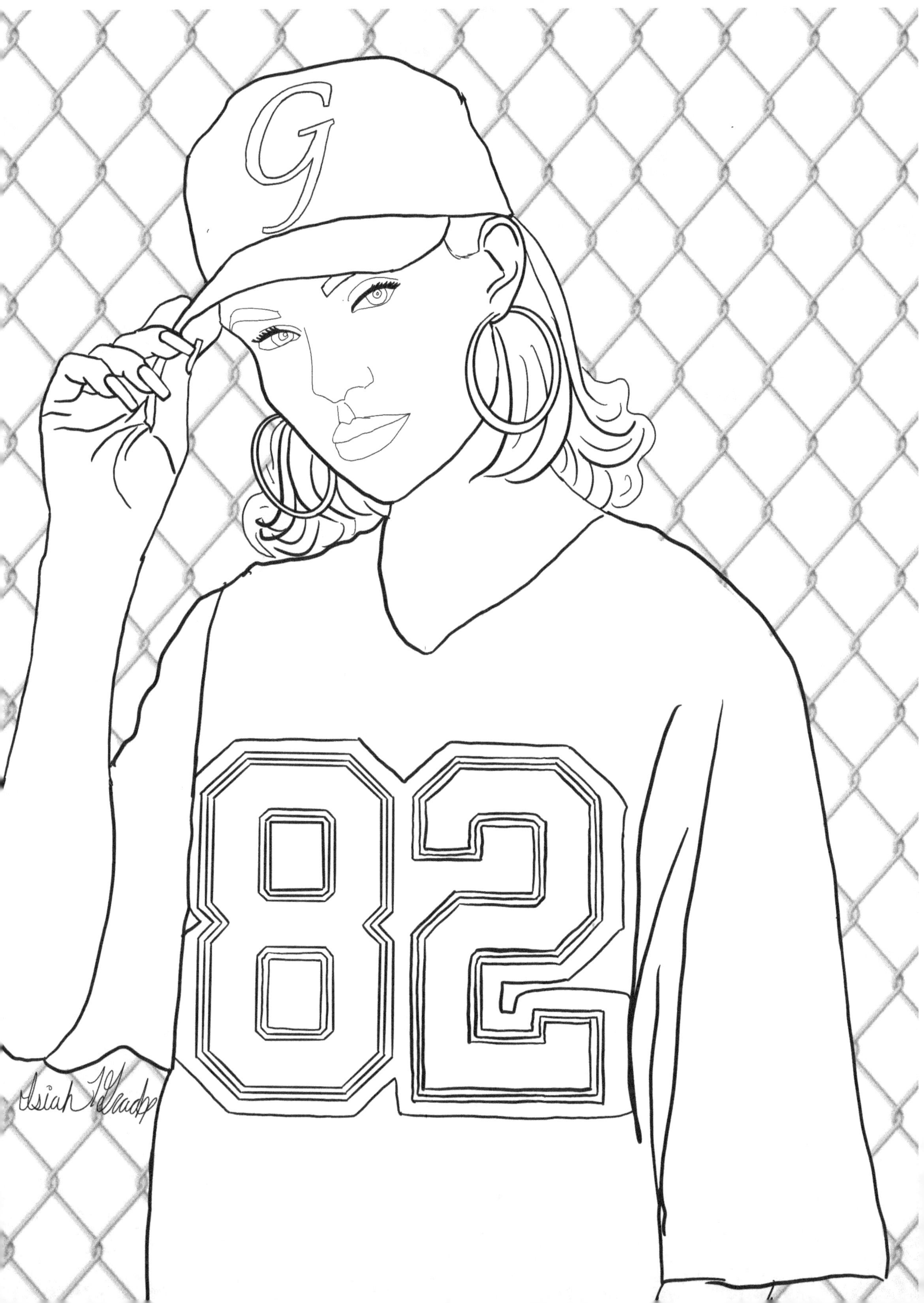
G
82

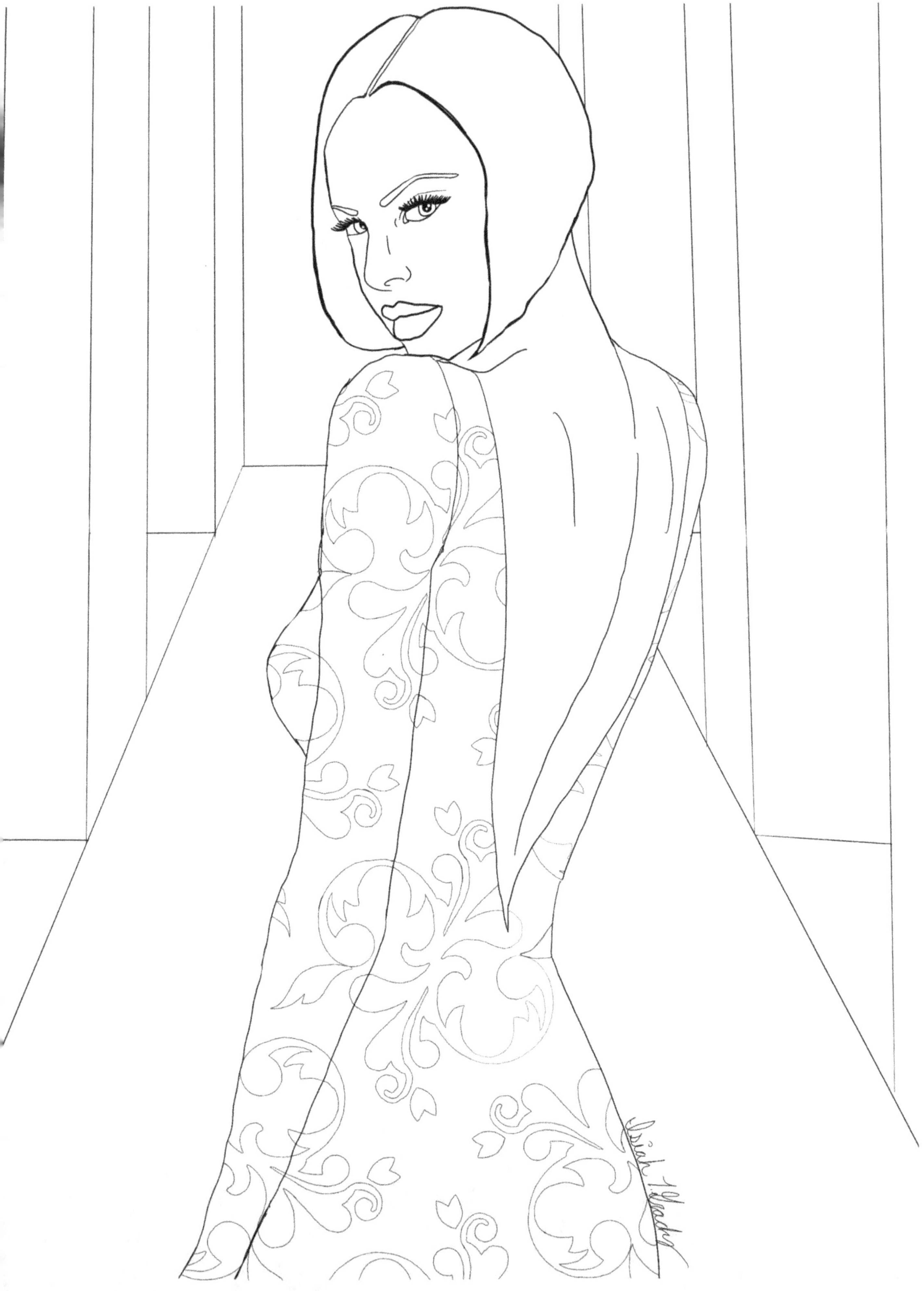

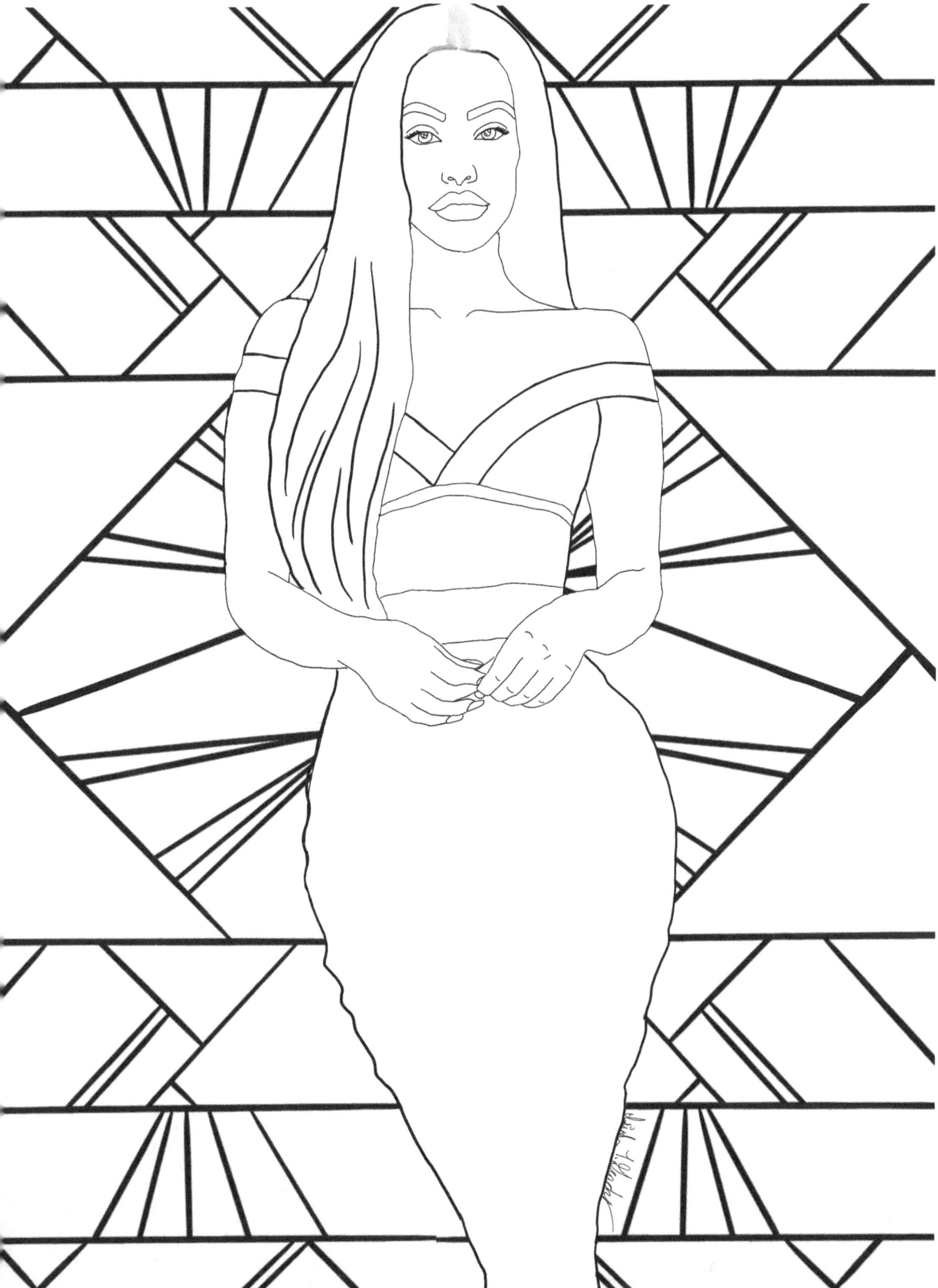

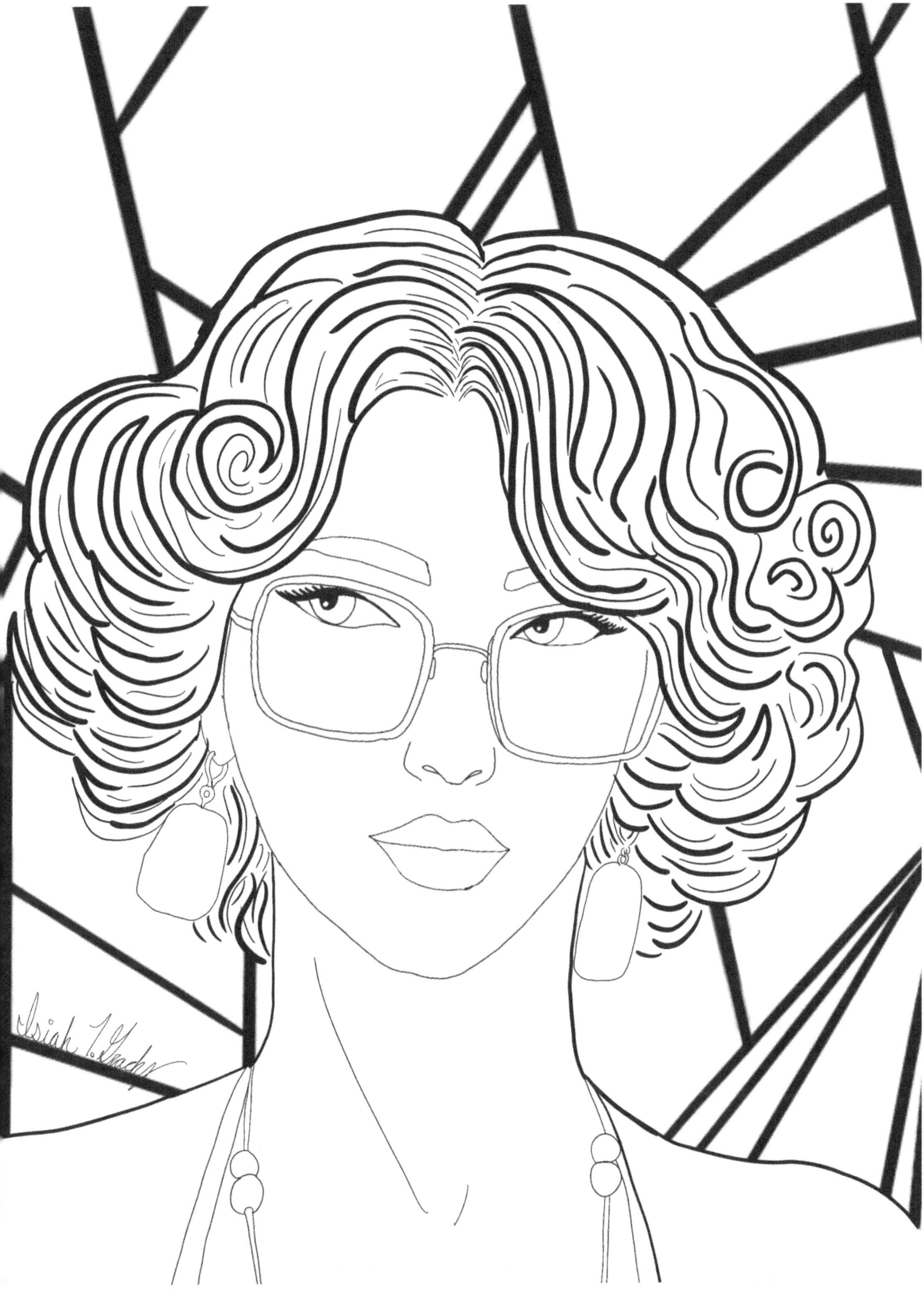

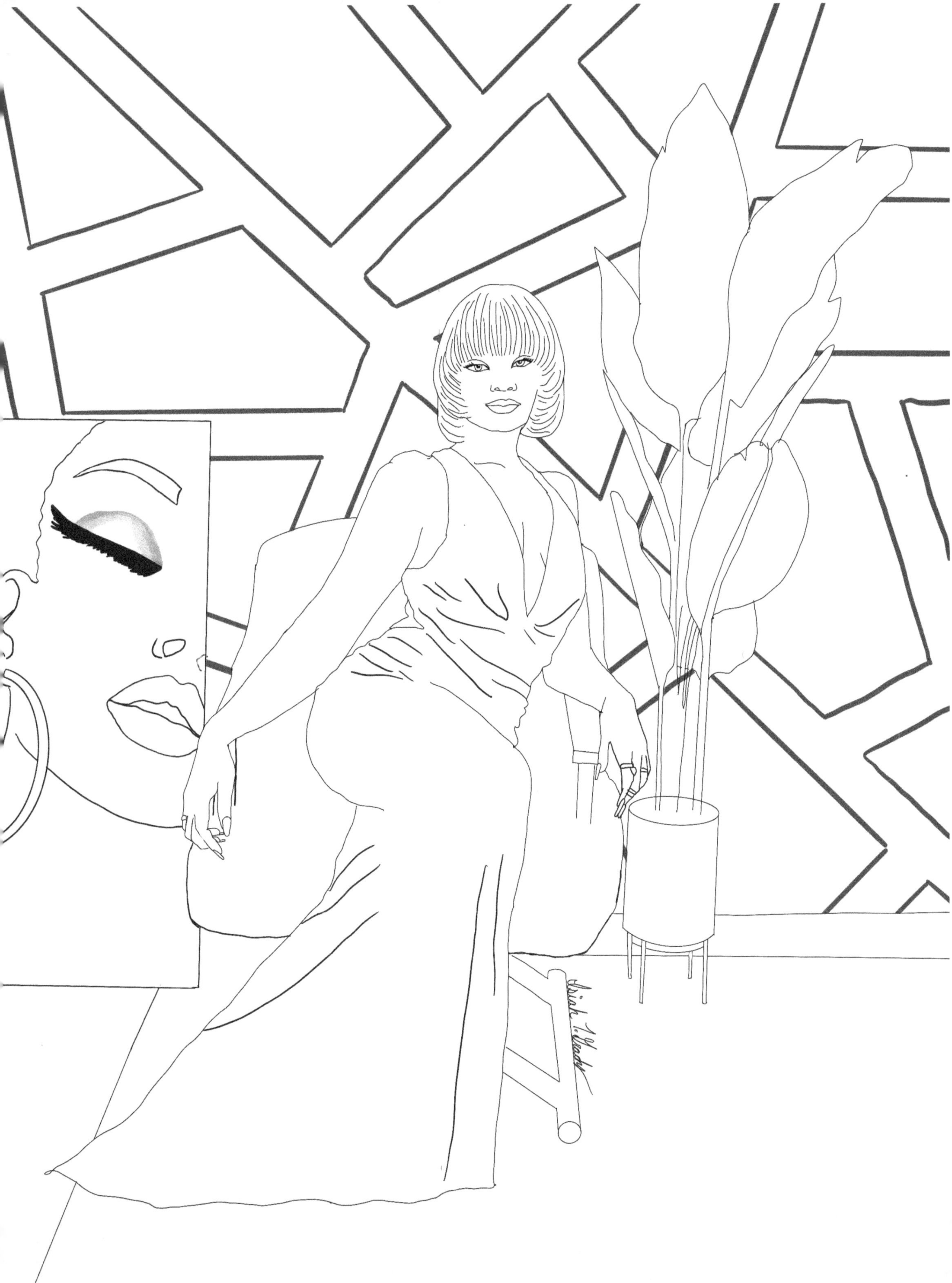

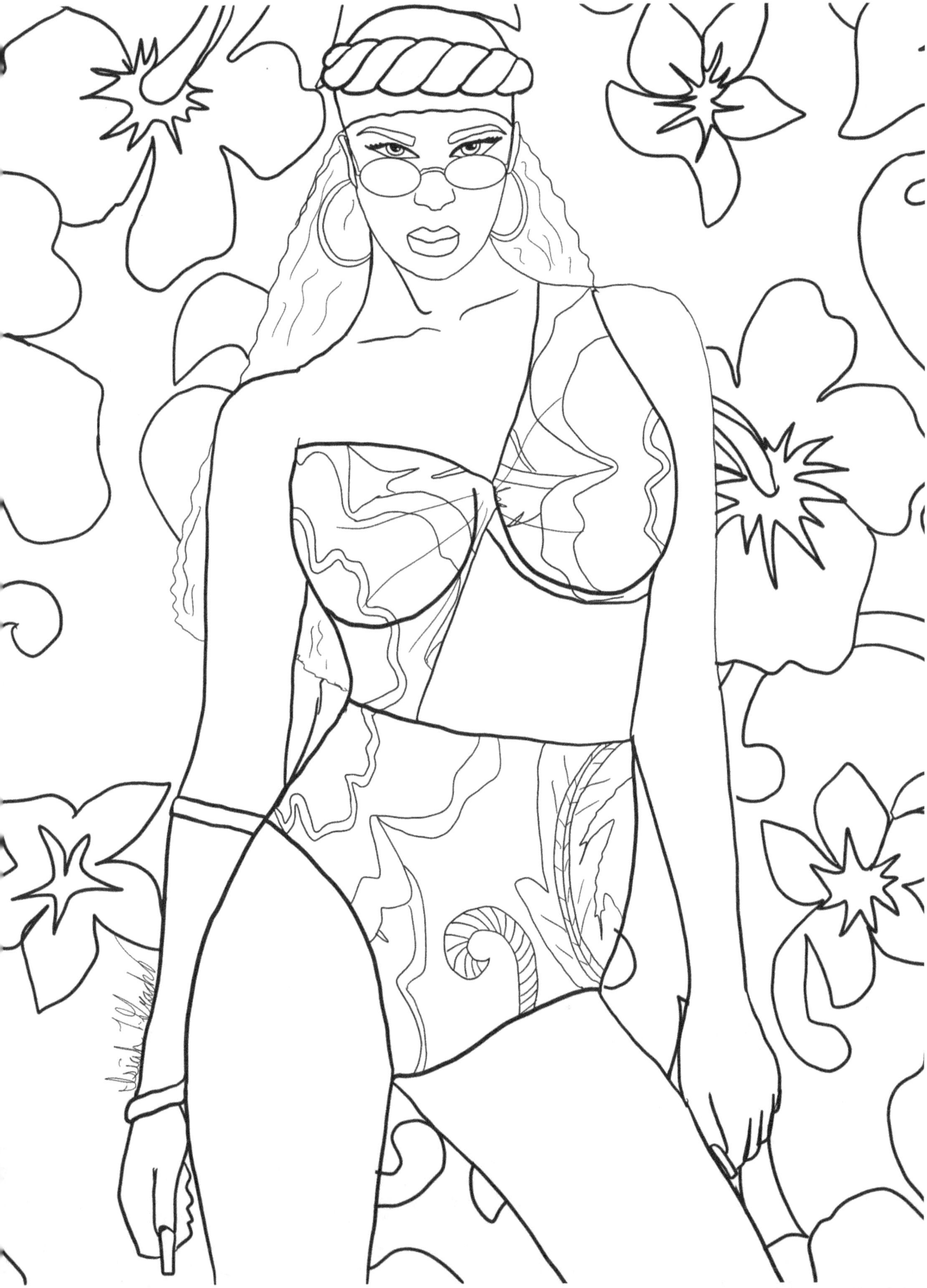

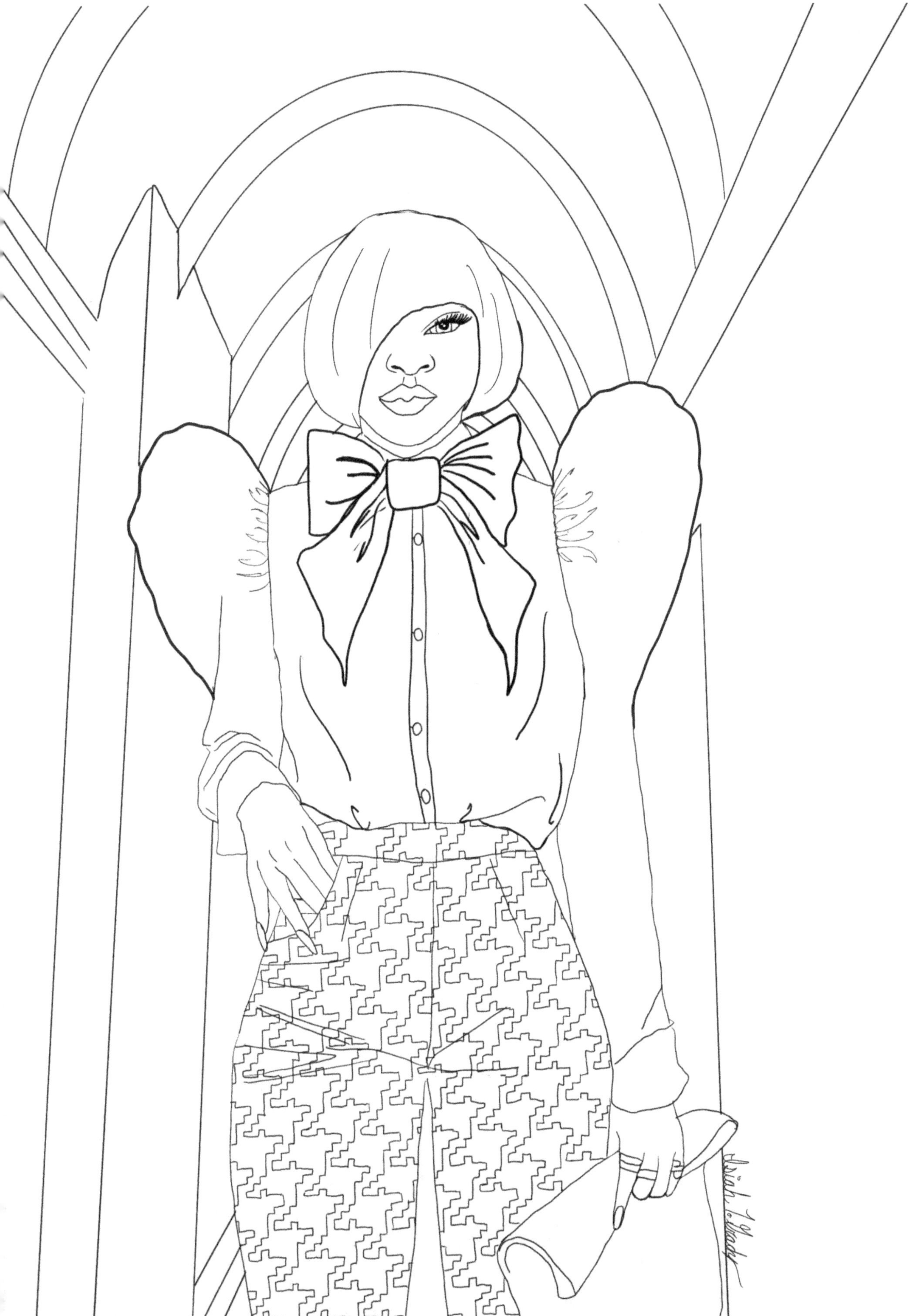

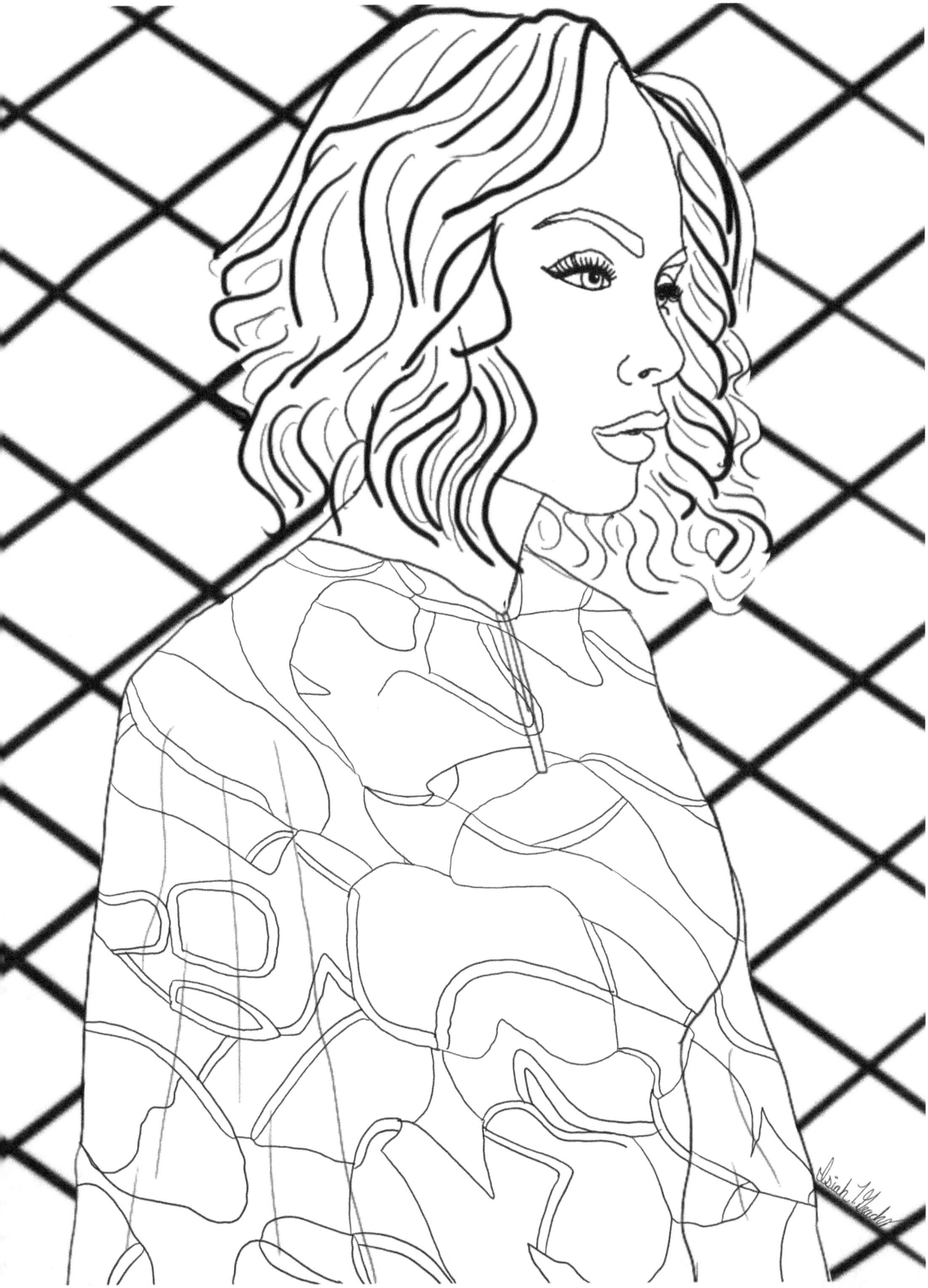

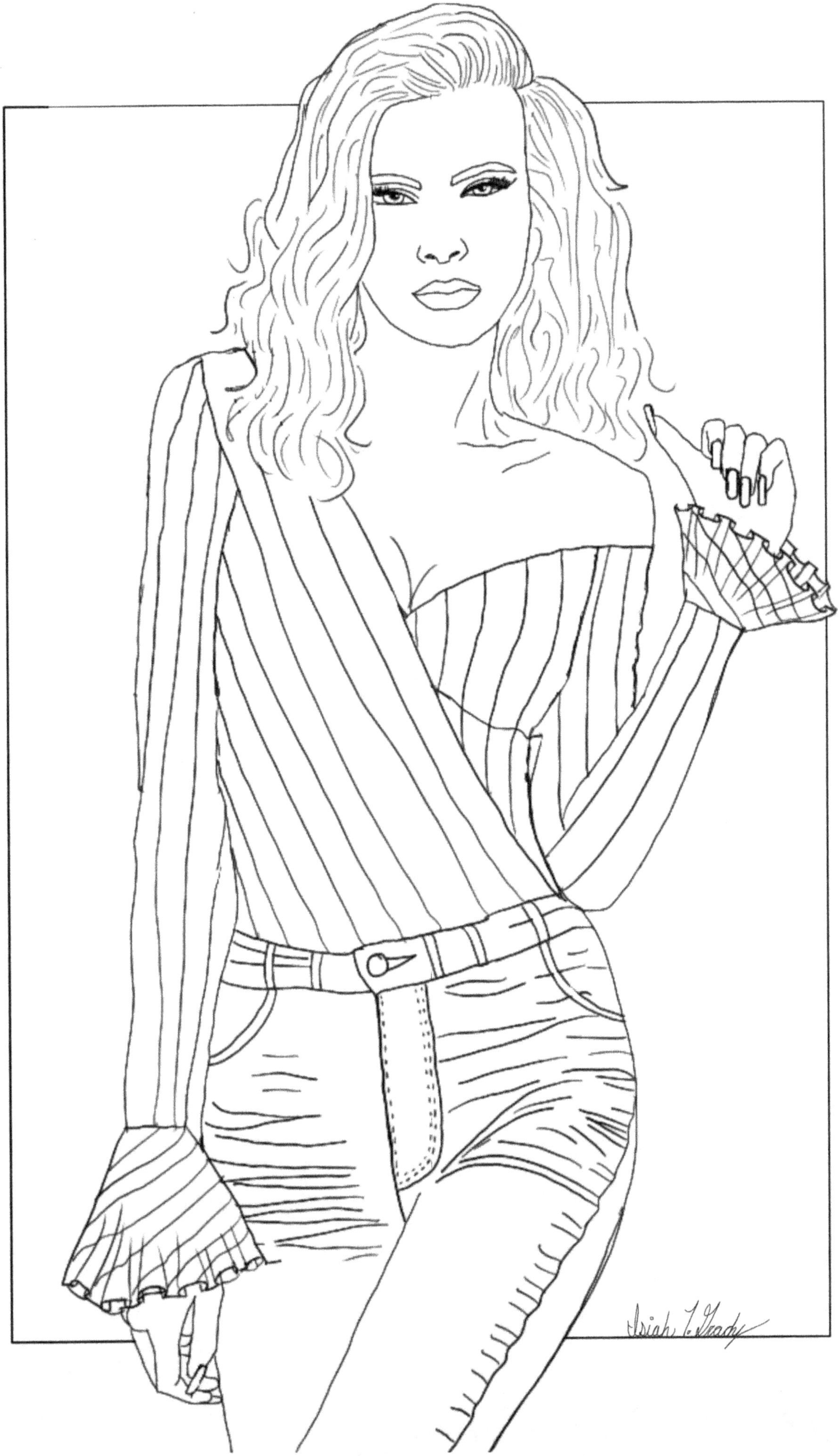
Isiah T. Grady

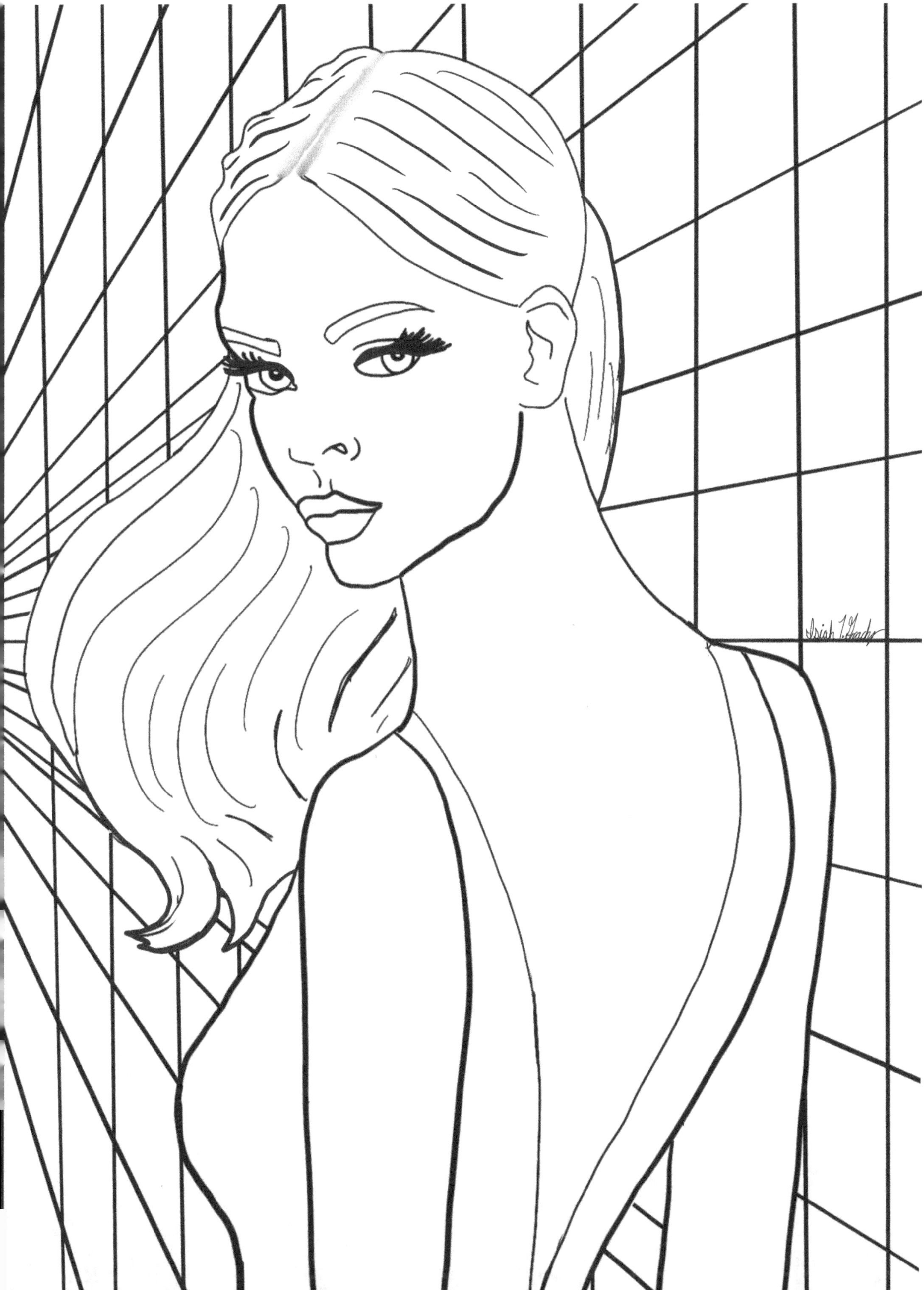

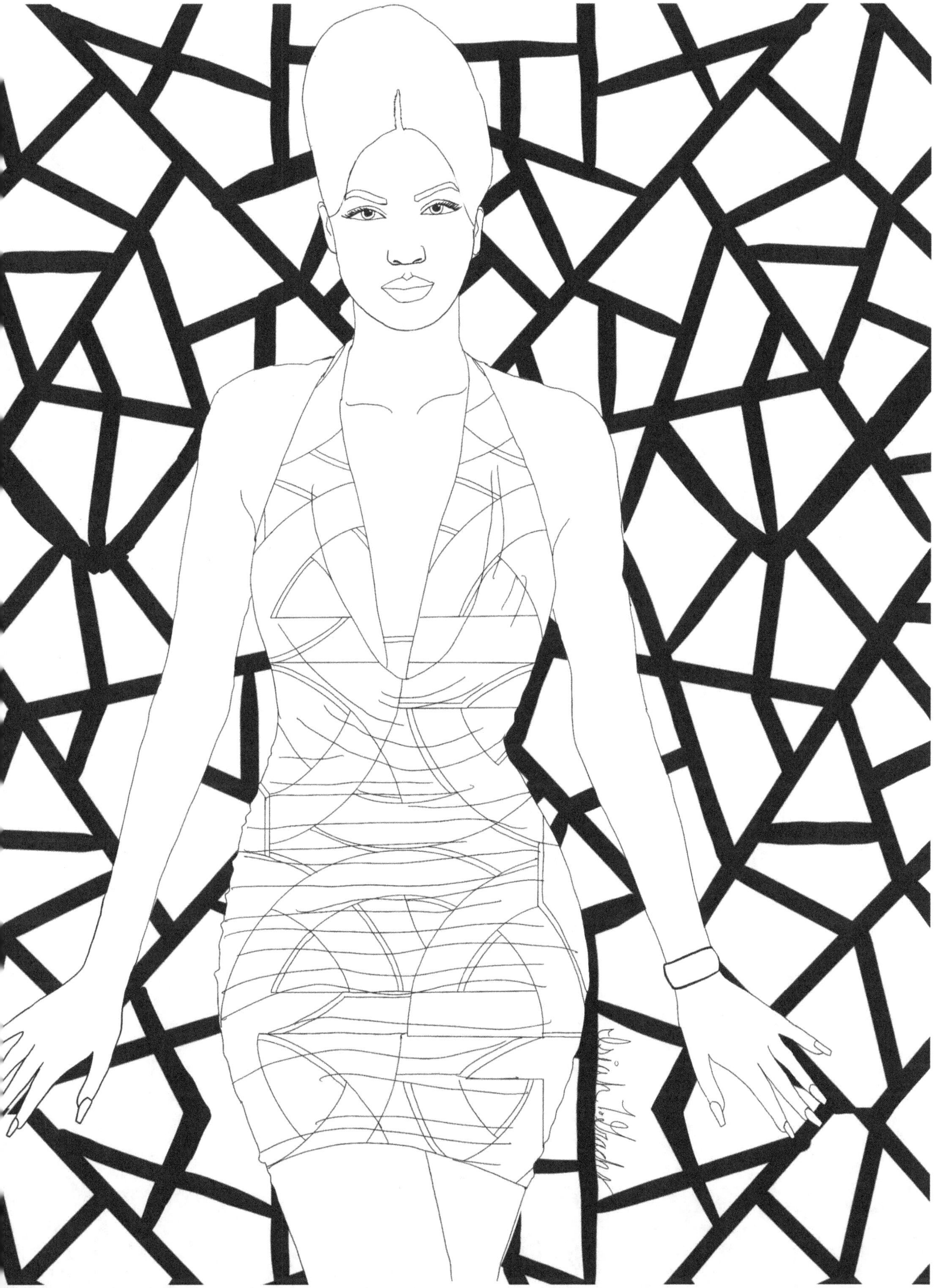

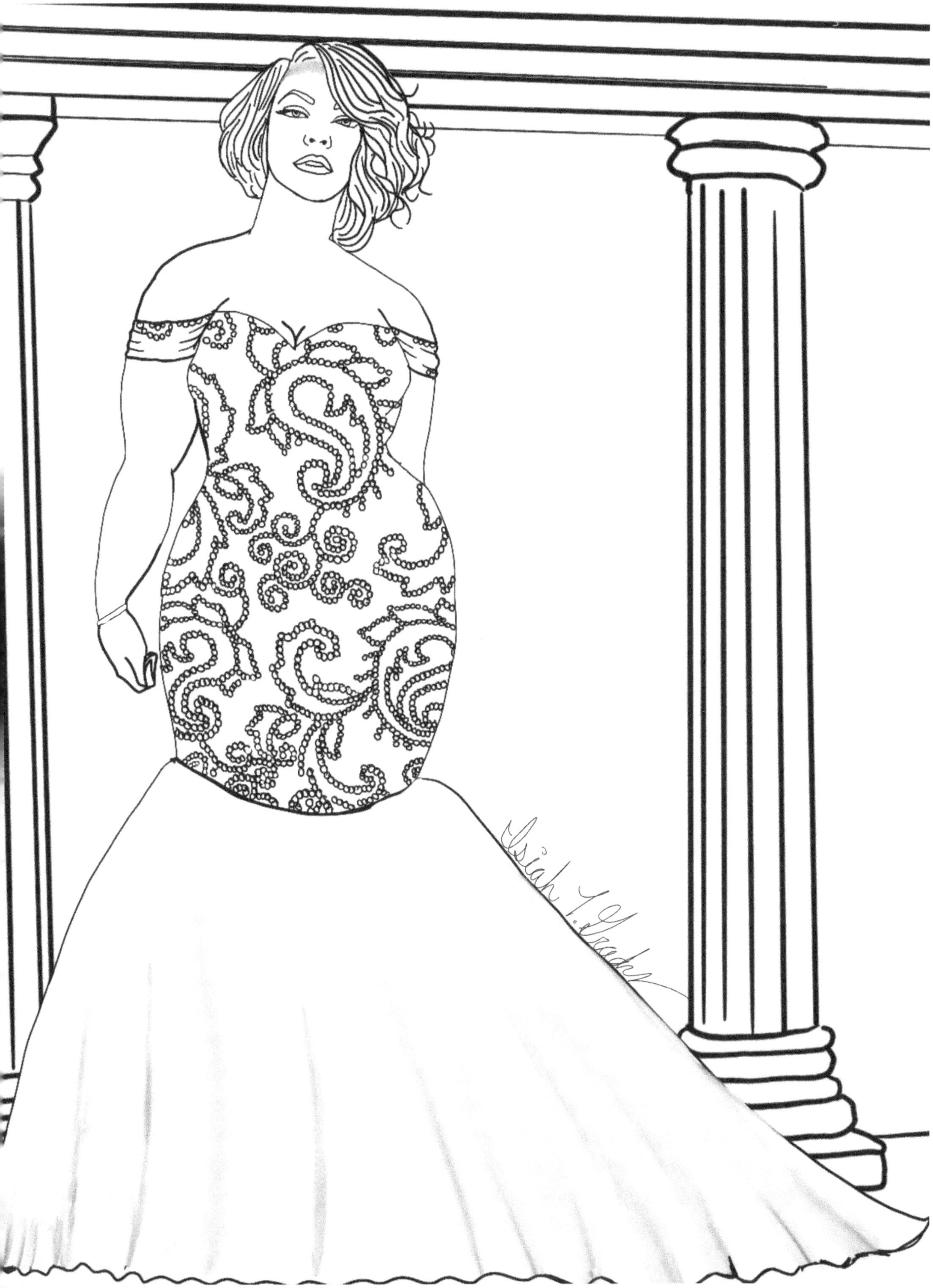

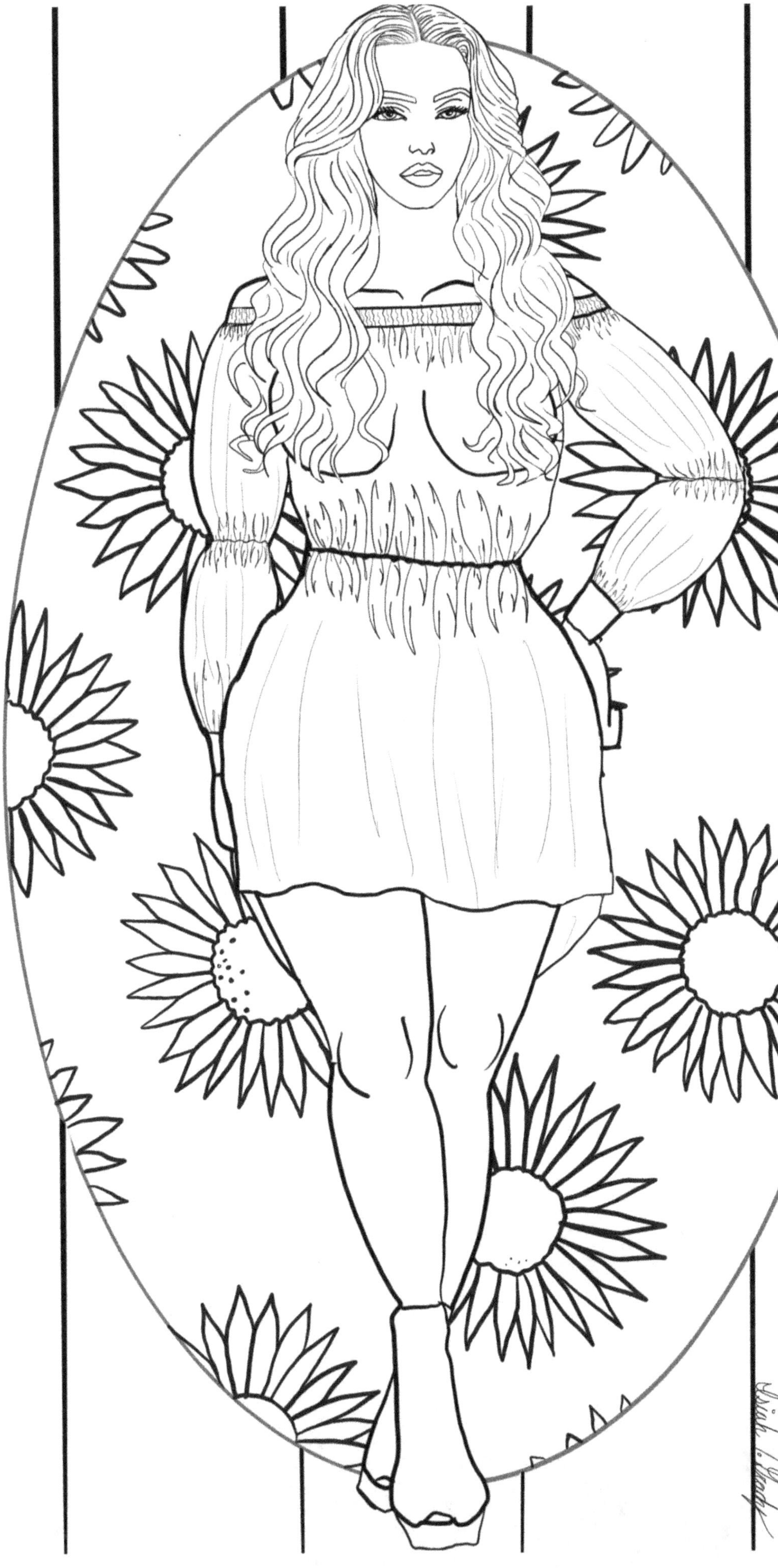

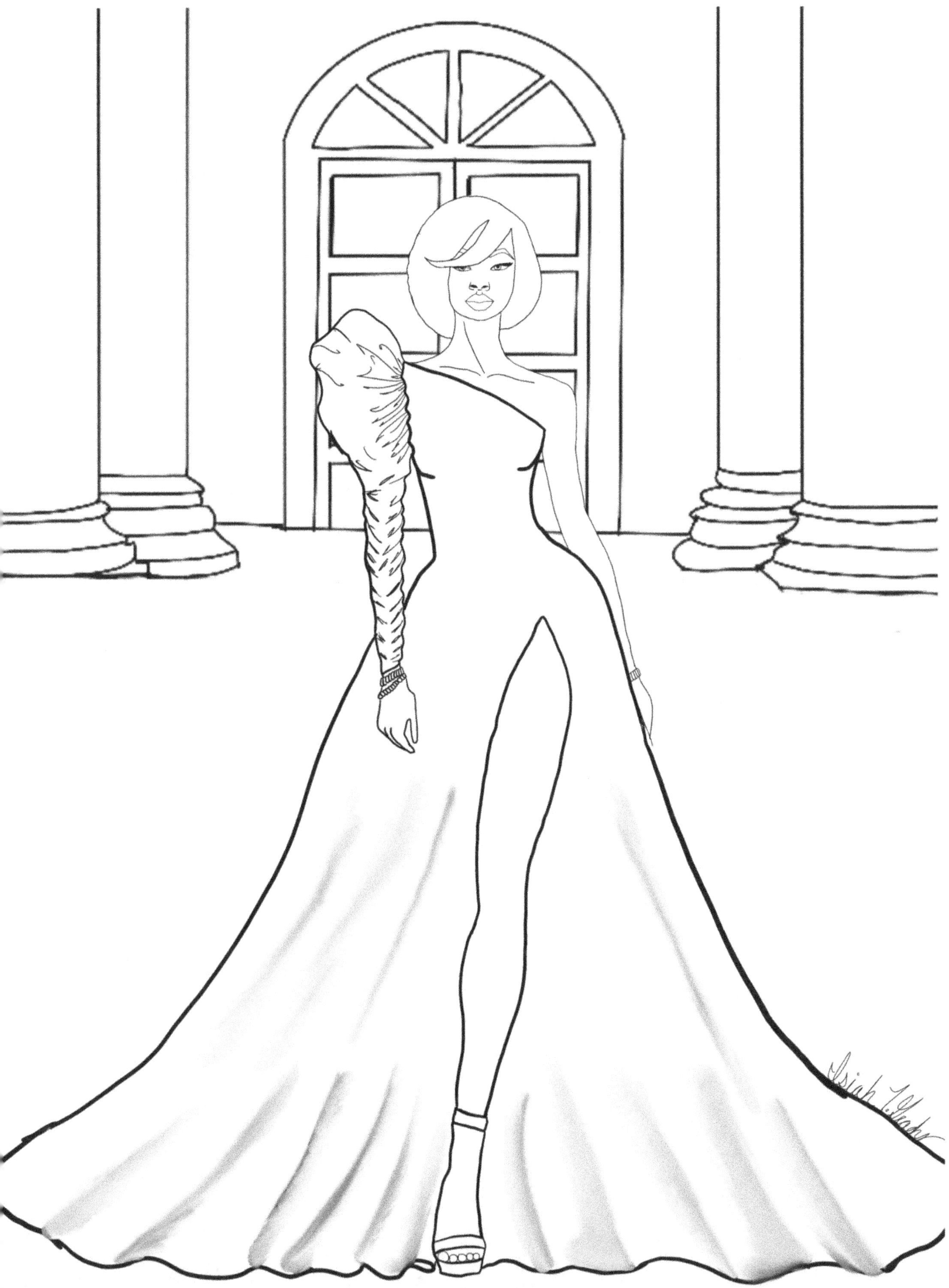

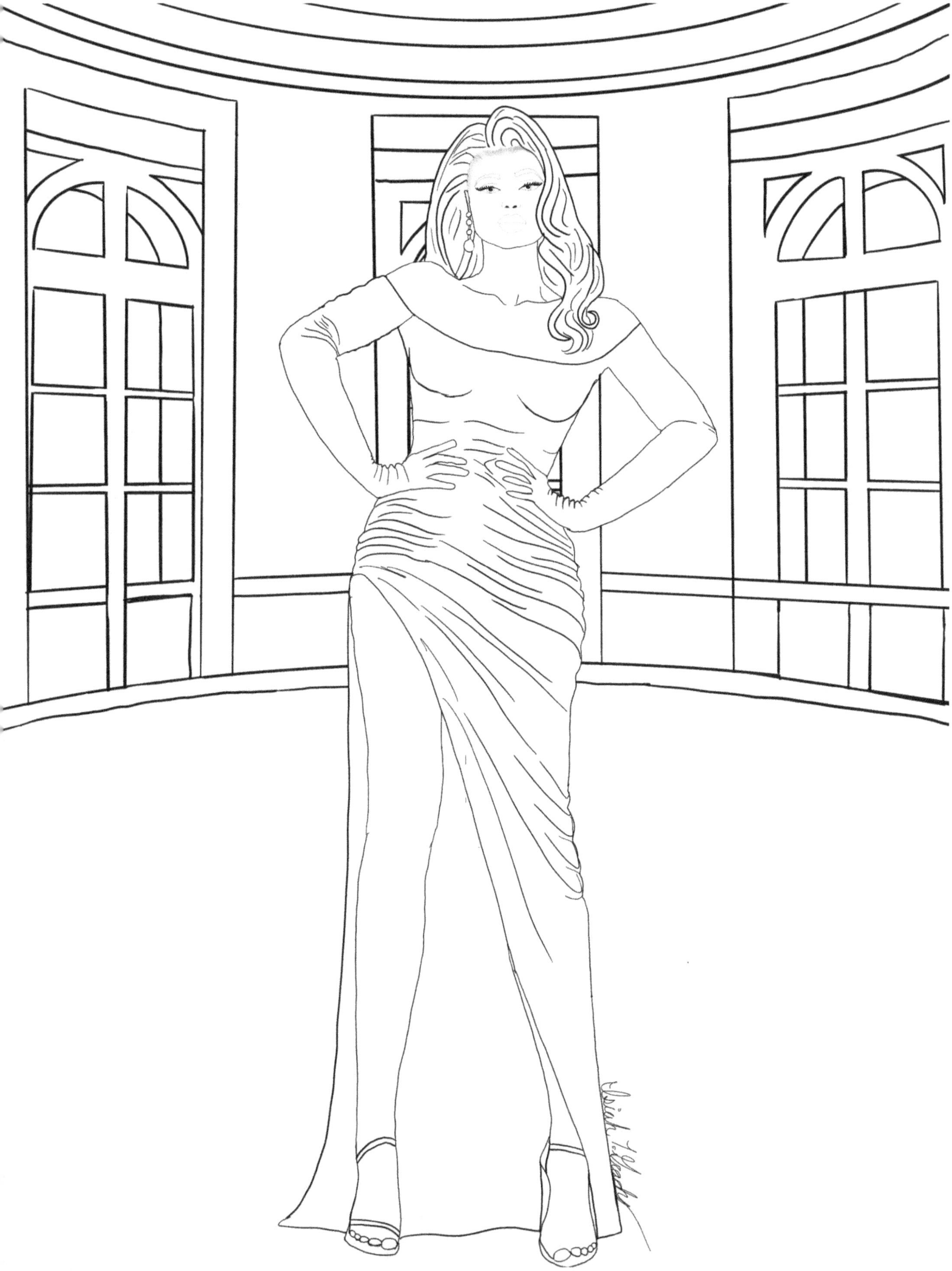

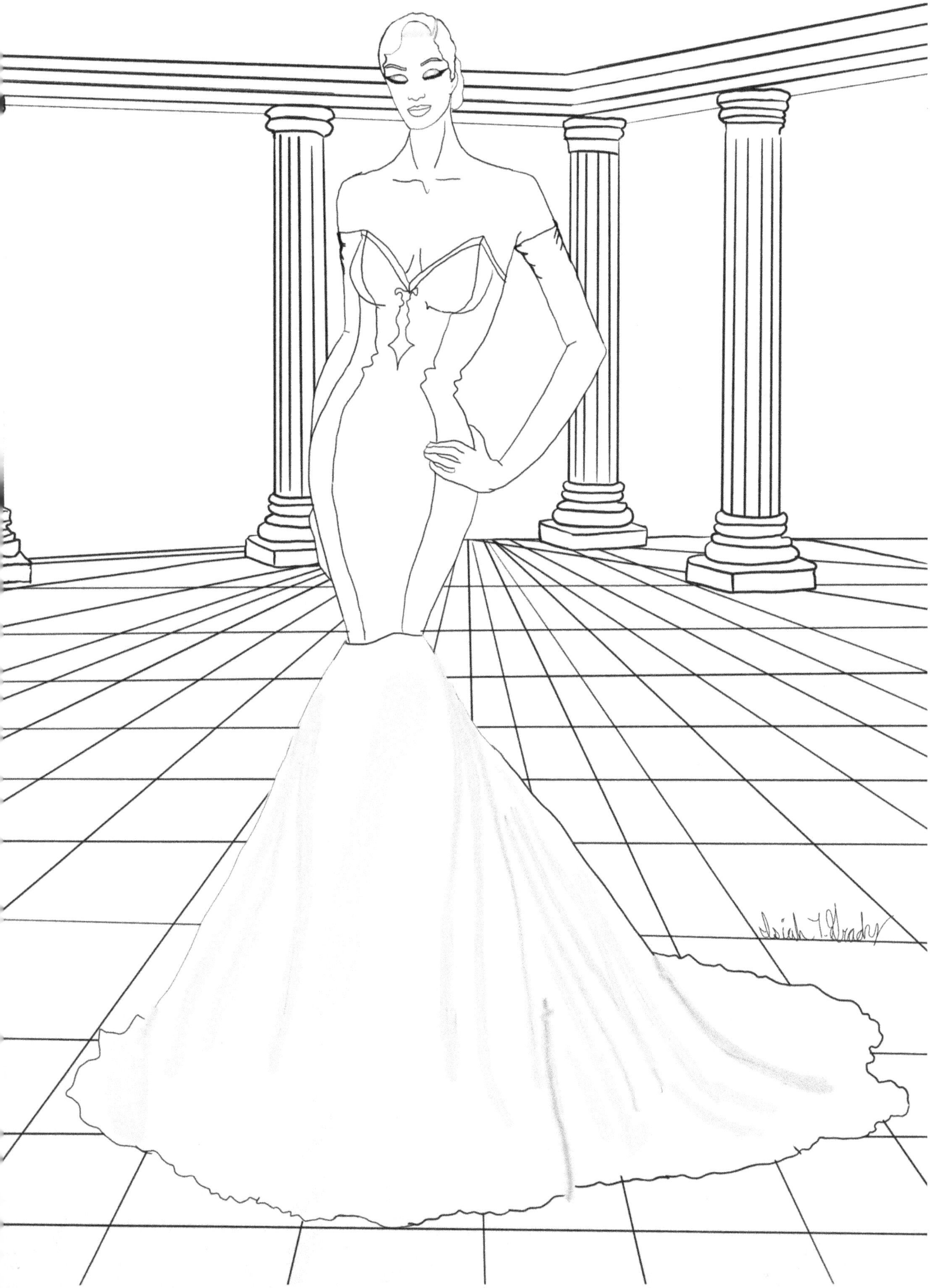
Isiah T. Grady

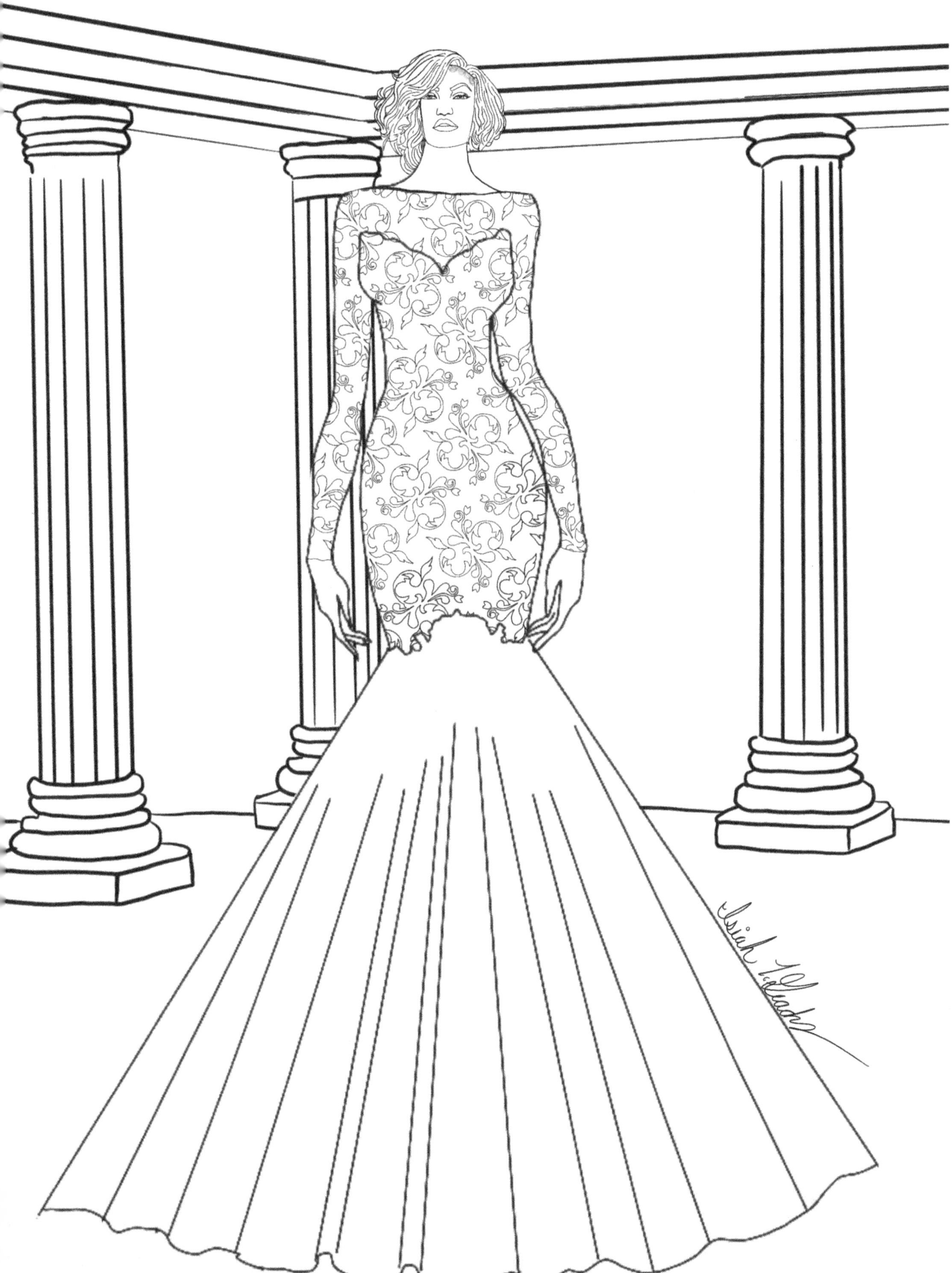

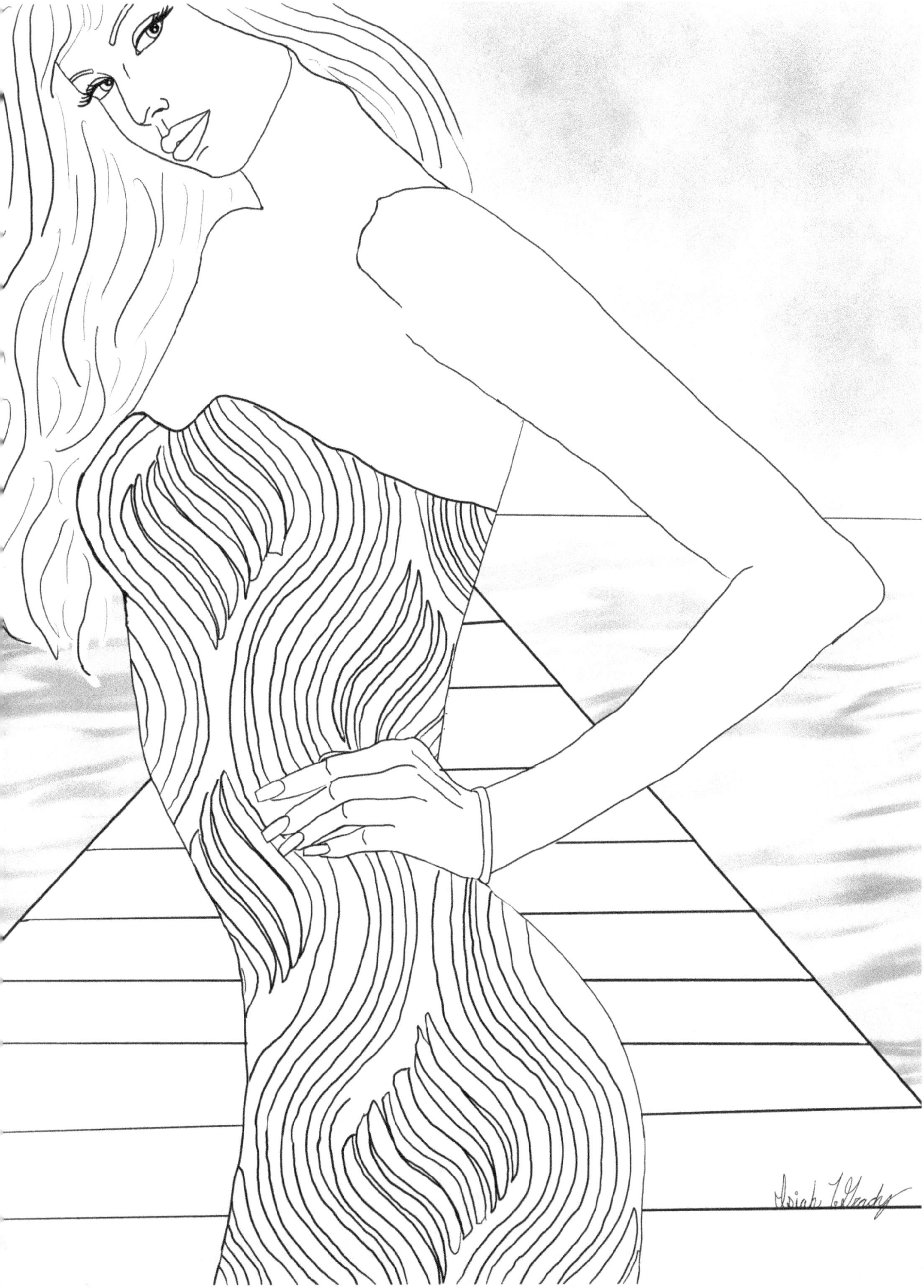

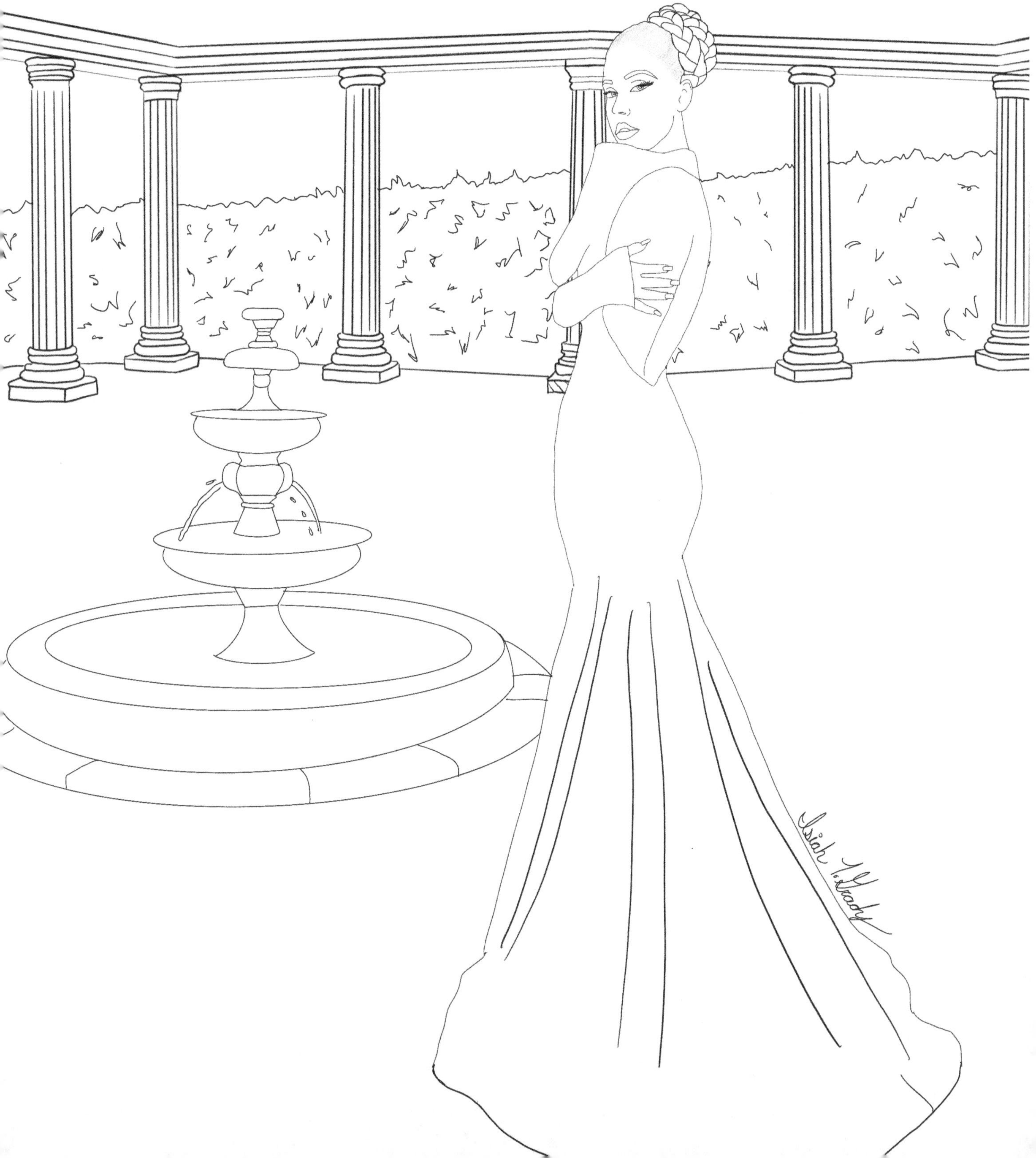

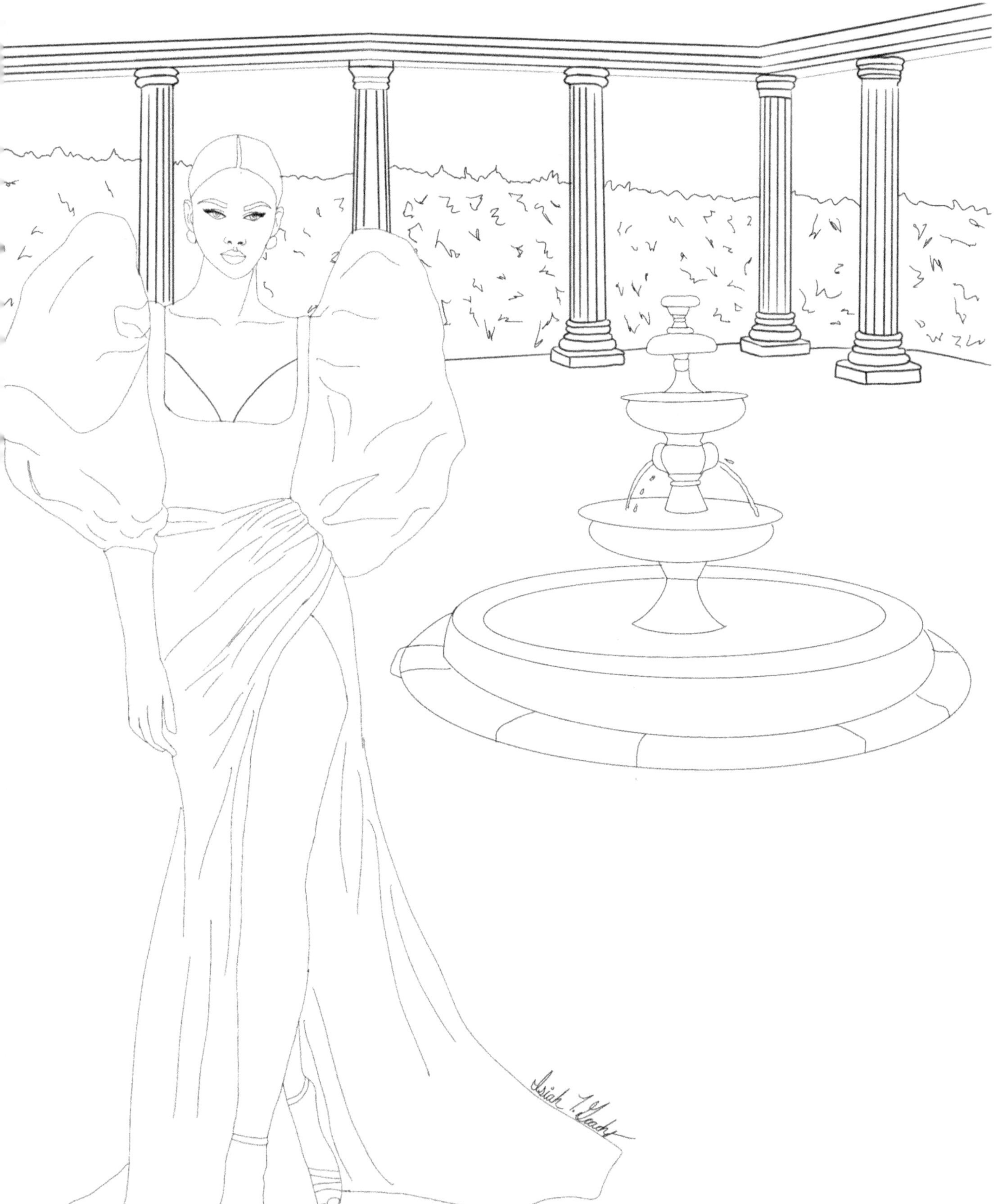

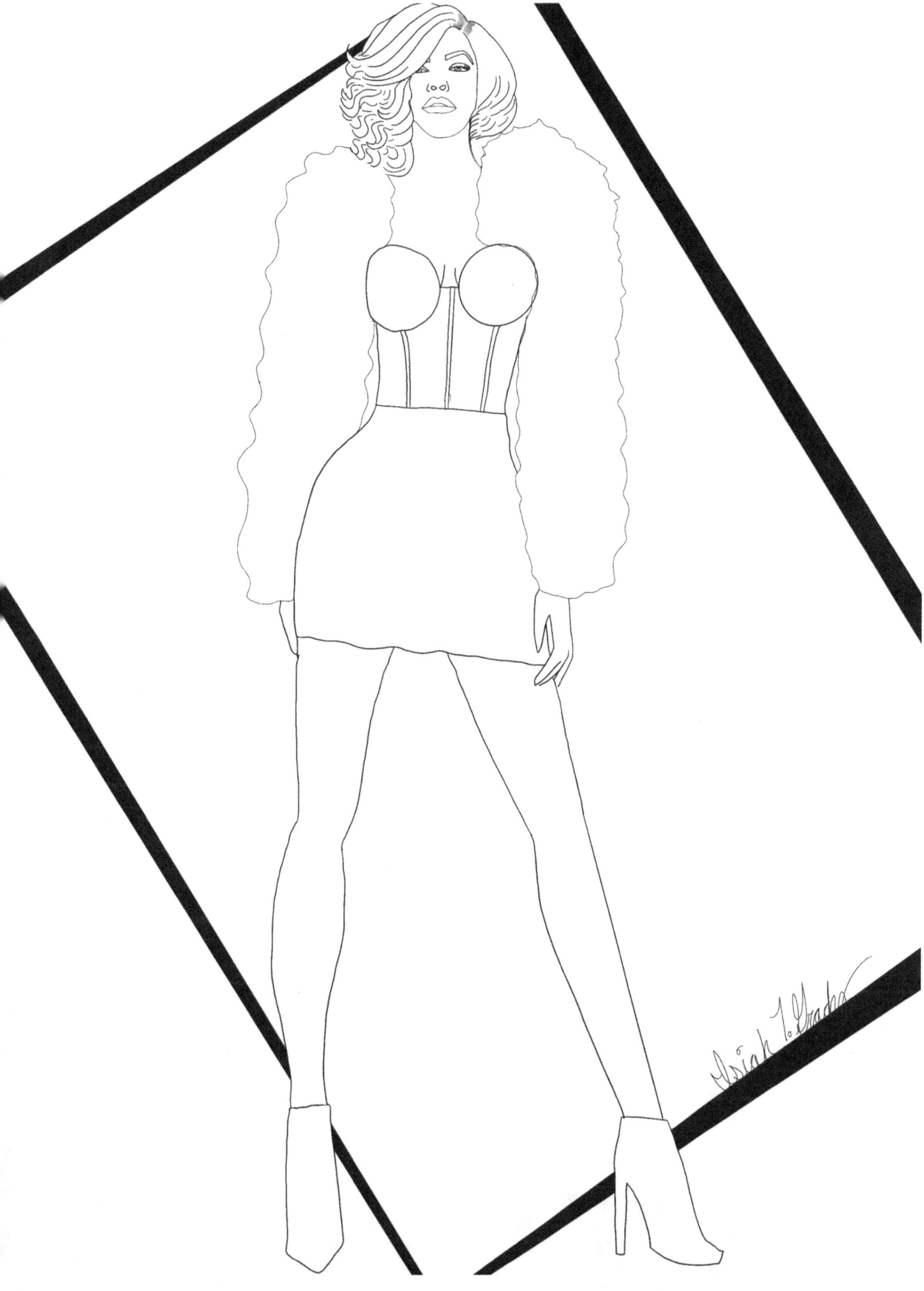

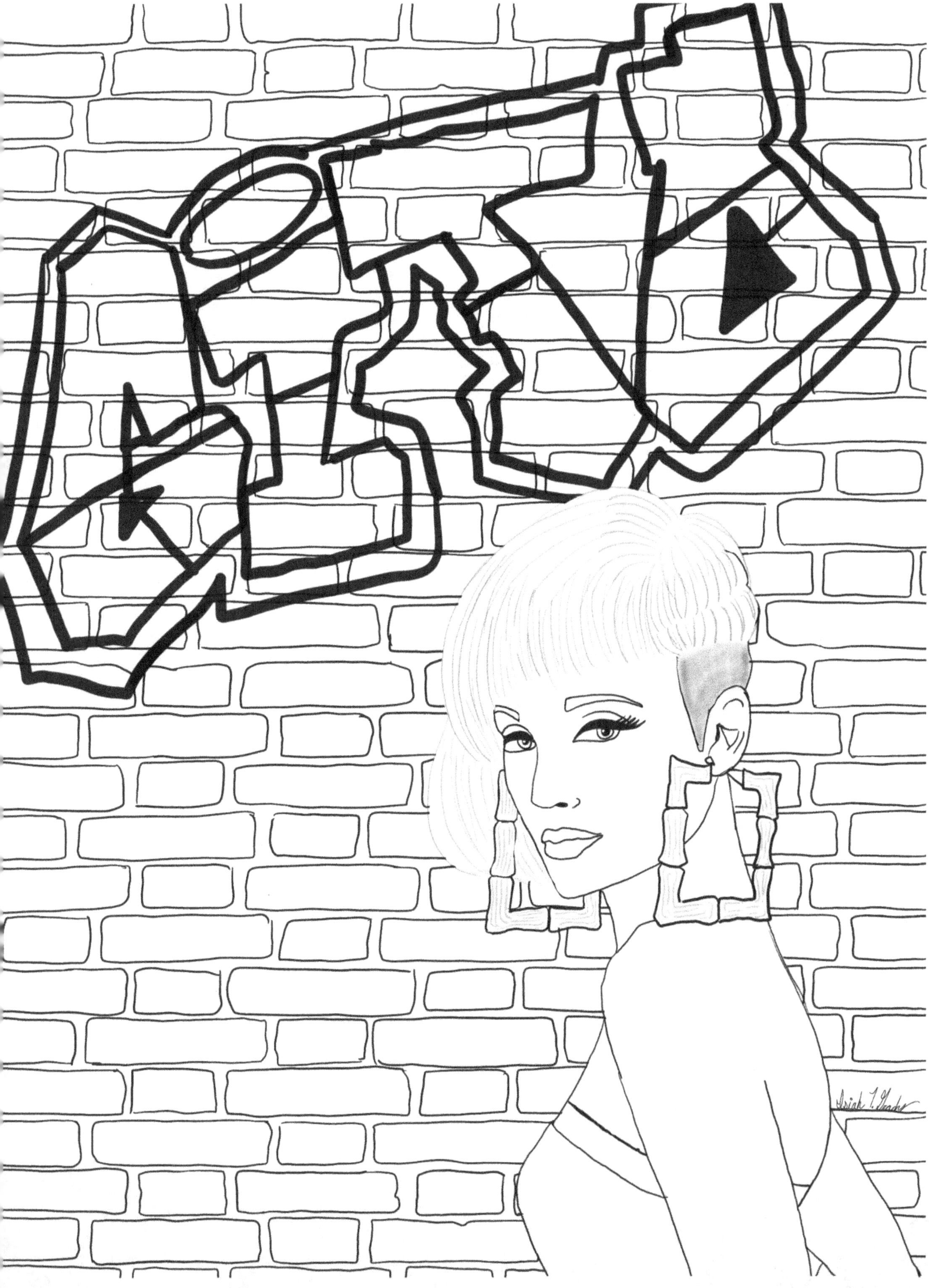

www.ingramcontent.com/pod-product-compliance
Lightning Source LLC
Chambersburg PA
CBHW081006170526
45158CB00010B/2929
9781329960909